Pseudo. Rendif.

Mot de Pa

429653

Le Patiss...

MARCHER, MÉDITER

« Espacos libros »

DES MÊMES AUTEURS

OUVRAGES DE MICHEL JOURDAN

Le Bois brut de la maison du thé et de la barque vide, Denoël, 1984.

Journal du réel gravé sur un bâton, Critérion, 1991.

La Maison sur la montagne, Entente, 1980.

Notes de ma grange, des montagnes et des bois, Stock, 1980.

La Vie d'ermite, Albin Michel, 1992.

Bouteilles à la mer d'un ermite migrateur, Arfuyen, 2006.

Cheminer, contempler, avec Jacques Vigne, Albin Michel, 2007.

OUVRAGES DE JACQUES VIGNE

Le Maître et le Thérapeute, Albin Michel, 1991.

Éléments de psychologie spirituelle, Albin Michel, 1993.

« La nécessité du non-dualisme », in *Question de,* n° 100 : « Le XXIᵉ siècle a commencé », 1995.

« Lumière du vide », in *Revue française de Yoga,* nᵒ 13 : « Passages, seuils, mutations », Dervy.

Méditation et psychologie, soigner son âme, Albin Michel, 1996.

Le Mariage intérieur, Albin Michel, 2001.

La mystique du silence, Albin Michel, 2003.

L'Inde intérieure : aspects du yoga, de l'hindouisme et du bouddhisme, Éditions du Relié, 2007.

Soigner son âme, Albin Michel, 2007.

Cheminer, contempler, avec Michel Jourdan, Albin Michel, 2007.

MICHEL JOURDAN
JACQUES VIGNE

MARCHER, MÉDITER

Albin Michel

Albin Michel
▪ *Spiritualités* ▪

*Collection «Espaces libres» dirigée
par Jean Mouttapa et Marc de Smedt*

Première édition :

© *Question de,* 1994

Édition au format de poche :
© Éditions Albin Michel, 1998

Avant-propos

Marcher et méditer : les deux mots vont tellement bien ensemble qu'ils en deviennent inséparables. Car dans le processus de la marche se découvre le processus même de toute méditation.

Marchons dans la nature. D'abord le contentement : le fait même de se retrouver en contact avec l'herbe, les arbres, le ciel, la terre nous plonge dans un état d'ouverture, nous reprenons conscience de notre respiration qui va et vient, de notre souffle qui se libère. Le ressourcement a commencé, dans tout notre être.

Après ces premiers moments de contact avec cette énergie oubliée, notre corps va trouver son rythme dans la marche. Sommes-nous en surtension ? Nous commencerons par marcher vite comme pour épuiser le trop-plein d'énergies négatives et ce mouvement se ralentira insensiblement au fil des pas. Sommes-nous fatigués ? La marche sera d'abord lente pour s'accélérer ensuite et s'établir dans le juste rythme de notre corps empli peu à peu d'une vitalité nouvelle et équilibrante. Au début, nos pensées s'agitent, elles vont et viennent et parfois même elles occultent toute la réalité qui nous environne. Perdus, noyés dans ces images et réflexions bourdonnantes, nous ne voyons alors rien de ce qui nous entoure ni n'entendons le souffle du vent et le chant des oiseaux. Et puis la marche, doucement, décante ce trop-plein cérébral : une expression populaire ne dit-elle pas que l'on va se promener pour « s'aérer la tête » ? Le mot s'avère bien choisi car c'est seulement lorsque le vide prend la place du plein que toute notre conscience peut se déployer dans la beauté de l'ici et maintenant de la marche. Alors vraiment, notre regard ne fait qu'un avec ce qu'il regarde et, dans le déploiement du pas à pas, notre être ne fait plus qu'un avec la nature retrouvée. Et ça, c'est un vaste bonheur qui nous donne un goût de l'infini.

Ce livre se divise en deux parties bien distinctes : un essai de Michel Jourdan sur la philosophie de la marche et des marcheurs à travers le temps, suivi d'une réflexion du Dr Jacques Vigne sur la psychologie de la méditation en Orient et en Occident. Marcher, méditer : une carte pour l'être !

Marc de Smedt

Marcher,
une philosophie
du dehors

PAR MICHEL JOURDAN

1.

Une relation
avec la nature

« Bien que les pieds de l'homme n'occupent qu'un petit coin de la terre, c'est par tout l'espace qu'il n'occupe pas que l'homme peut marcher sur la terre immense. »

Tchouang-tseu

La marche d'un pèlerin russe

En plein XIXᵉ siècle existait encore la tradition moyenâgeuse des pèlerins, les « saints terreux », comme en témoignent les *Récits d'un pèlerin russe*[1] : « Pèlerin sans abri, de la plus basse condition, toujours errant de lieu en lieu. Pour avoir, j'ai sur le dos un sac avec du pain sec, et dans ma blouse la sainte Bible et c'est tout. »

Il s'agit d'une marche particulière pour ce pèlerin, qui consiste à réciter tout en cheminant la prière orthodoxe appelée « Philocalie » — récitation basée, comme en Orient (et il est justement question ici de l'Église d'Orient), sur la respiration. Ce pèlerin disant sa prière tout en marchant pouvait parcourir soixante-dix verstes[2] en un jour sans savoir qu'il allait, aussi bien dans le vent froid que dans la faim, dans un état au-delà de ces contingences. Dans cette marche, il ne sentait plus la maladie ni la douleur, ni les contrariétés d'autrui : « Je suis devenu un peu bizarre ; je n'ai souci de rien, rien ne m'occupe, rien de ce qui est extérieur ne me retient, je voudrais être toujours dans la solitude. »

Il voyagea ainsi longtemps par toutes sortes de lieux, accompagné de sa prière, qui le fortifiait et le consolait sur tous les chemins, en toute occasion et toute rencontre. Avançant ainsi sur sa route solitaire, il se sentait aussi léger que si une montagne était tombée de ses épaules.

Marcher en priant est une pratique en voie de disparition dans nos pays — surtout marcher sans but, avec pour seule nourriture pain, sel et eau…

Marcher, est-ce prier ?

La marche nous délivre du poids de nos pensées. Or, tel est le but de la prière, telle qu'elle se trouve définie par l'Église d'Orient, et la marche solitaire à notre époque pourrait très bien se pratiquer de même.

Marcher pourrait faire taire le mental en l'unifiant avec la pensée intuitive de notre cerveau droit ; si l'on en change les termes, c'est exactement le propos de A. Sophrony[3] au sujet de la prière : « La prière pure attire l'intellect dans le cœur, elle unifie l'homme tout entier, y compris le corps. »

Y compris le corps… Ce processus pourrait être celui de la marche.

Car « l'intellect qui prie ne pense pas ; il ne raisonne pas, mais vit. L'intellect en état de prière n'opère pas au moyen de concepts abstraits, mais participe directement à l'être ». De même, on peut dire que, au cours de la marche, l'intellect ne « pense pas », mais qu'il « *est à ce qu'il est* ». C'est une « perception existentielle directe qui ne se laisse pas enfermer dans le cadre étroit des concepts abstraits ».

Marcher peut véritablement être une forme de prière qui « unit l'intellect au cœur. Cette union est, en général, l'état normal de la vie religieuse. […] L'intellect qui est lié par l'attention à la prière demeure dans le cœur ».

Je ne peux m'empêcher de songer à l'expression « l'œil du cœur » (titre d'un livre de F. Schuon), qui définit la vision intuitive ou spirituelle, le silence de l'intellect, et aussi à cette « révolution du cerveau » (dont Jung fut le prophète en réclamant la coopération de l'inconscient et du conscient) qui reconnaît que la sagesse, ou l'expérience spirituelle, pourrait bien être l'union des deux hémisphères de notre cerveau — le gauche, siège de la raison et le droit, celui de l'intuition.

La marche, un éveil

Si la marche fait cesser notre attachement aux mécanismes mentaux, que nous laissons passer comme des nuages dans le ciel, comme l'eau qui s'écoule d'un seau percé, on peut à juste titre la qualifier de pratique de la prière. On connaît alors l'état de solitude (*hésychia*), c'est-à-dire, selon les termes de Jean Climaque, «une insouciance totale de toutes choses, raisonnables ou non ; [...] la solitude est dépouillement des pensées et renoncement aux soucis raisonnables[4]. »

Pour Isaac de Ninive, la prière transmute les désirs matériels qui nous portent aux choses avec passion en «mouvements de contemplation» qui amènent l'âme à la nudité de l'intellect, les labeurs physiques servant à purifier l'âme ; or la marche, activité physique, purifie aussi bien l'esprit des activités mentales.

Pour Jean-Claude Barreau[5], «il faut d'abord savoir qu'on prie avec son corps. Se réveiller est une action corporelle». A chacun de trouver des moyens, adaptés à son évolution neurologique personnelle, de pratiquer une forme de prière qui, seule, permet à l'homme de «retrouver le secret du bon usage des choses et des produits». La marche, utilisation d'une énergie gratuite dans une économie écologique, pourrait bien être en même temps un exercice idéal pour vivre la plénitude de chaque instant.

La marche, technique chamanique de l'extase ?

La marche chamanique, c'est cette danse du chaman en quête de l'extase. Dans la danse, qui n'est qu'une forme de marche plus élaborée dans un espace restreint, l'être humain ne fait qu'un avec son propre *moi* et le monde extérieur, il découvre le sens de son appartenance à l'univers et de la totalité de la vie. Le chaman accomplissant une marche symbolique, comme par exemple mimant celle de l'ours, espérait acquérir un mode d'être surhumain. En imitant les pas et la façon de marcher des animaux, il pouvait atteindre l'illumination. L'important était de communier avec la vie cosmique, de respirer au rythme de l'univers.

L'ancienne danse magique, qui imitait les êtres et les choses de l'univers pour s'unir avec elles, était effectuée autour des jeunes pousses dans les champs au printemps. Nos ancêtres pensaient qu'elle influencerait la croissance des plantes et des germes d'une manière bénéfique, les plantes étant sensibles à l'amitié et à l'amour qui peuvent les entourer.

Cette danse agricole faisait suite aux danses chamaniques en faveur de l'abondance de gibier de l'époque paléolithique. Rien que par quelques pas cadencés, l'homme avait trouvé le moyen de participer à la pulsation du réel organique. Celui qui danse entre vraiment dans le cycle éternel de la création cosmique. Il tourne avec les planètes et la Terre, tout comme les derviches tourneurs qui arrivent à l'extase, au fameux *sama* des soufis.

La marche magique revêt dans le chamanisme plusieurs aspects : soit elle est une danse rythmée par le tambourin, soit elle est l'ascension symbolique à un arbre, souvent un bouleau. Mais ces deux pratiques sont suivies d'un voyage intérieur, le vol magique qui, par sa progression, garde le rythme d'une marche. La marche chamanique et ses rituels n'avaient pour but que de retrouver la liberté et la spontanéité communes à tous les êtres vivants, de faire tomber les barrières de l'anthropomorphisme.

Toute marche effectuée en tant que relation à l'univers se révèle comme une démarche chamanique, qui permet de retrouver les rapports entre notre vie et celle des animaux et des plantes, et le respect de toute forme de vie, quelle qu'elle soit.

La renouveler, ce serait marcher comme le chaman dansait ou imitait la marche des animaux — en oubliant les limites et les fausses mesures humaines, pour accéder à une nouvelle dimension de la vie où l'on retrouve la béatitude et la sympathie avec tous les rythmes cosmiques[6].

La marche comme poésie

De la marche à la création poétique il n'y a qu'un pas. Pour Mircea Eliade, le chamanisme est à la source de toute poésie authentique. Et l'on se demande si la poésie ne pourrait pas renaître à partir d'une marche quotidienne telle que Bashô ou d'autres poètes d'Extrême-Orient la pratiquaient...

Jacques Pimpaneau[7] souligne d'ailleurs les origines chamaniques de la poésie chinoise. Le poète chinois, qui marchait beaucoup, essayait comme le chaman de sortir de lui-même pour « pénétrer dans le monde extra-humain, dans la vie des arbres, des fleurs et des animaux », de s'affranchir de l'hypertrophie du moi et de trouver sa place dans l'univers.

Ce n'est pas sans raison que « Rimbaud a écrit sur les routes ardennaises, et dans l'élan de l'espoir, ses poèmes les plus limpides, les plus heureusement libres, les plus librement enfantins... [...] les fatigues mêmes de la route, le froid nocturne et la faim, semblent le prix à payer d'un véritable commencement. Le marcheur prend de court l'opacité du réel »[8].

Marcher est un acte chamanique — le dernier peut-être encore que nous pouvons accomplir en toute liberté sur terre.

La marche aux champignons sacrés

Depuis des siècles, les Huichols, tribu des montagnes de la sierra Madre occidentale du Mexique, accomplissent chaque année un pèlerinage à pied de huit cents kilomètres, pour aller chercher de petits cactus hallucinogènes appelés « peyotl », confondus à tort avec des champignons hallucinogènes des mêmes contrées, les psilocybes.

Cette marche a lieu durant la saison sèche, début octobre, après la moisson du maïs. De chaque partie du territoire partent de petits groupes de cinq ou dix personnes. Ce sont de véritables pèlerins.

Ce pèlerinage à la terre du peyotl réclame la participation d'un grand nombre de membres de la communauté, car l'abondance des moissons et la santé de tous dépendent de cette marche. Ceux qui restent respectent la même abstinence sexuelle et les mêmes tabous alimentaires que les pèlerins. Les femmes ne participent que rarement à cette longue marche car leur présence pourrait troubler la pureté et la chasteté que réclame le culte du peyotl. Le plus jeune des pèlerins peut avoir six ans.

Avant le départ, quatre guides principaux sont élus pour aller vers le désert de San Luis Potosi, là où pousse le peyotl. C'est le voyage vers la terre de Jikuri.

Après la confession de chaque membre du groupe au chaman, on procède à la purification des sandales. Après l'attribution à chacun des noms sacrés pour cette marche, on effectue une danse. Ils ne dorment plus que quatre à cinq heures par jour. Les plantes et d'autres choses reçoivent aussi des noms magiques que l'on devra employer pendant toute la durée du pèlerinage. Ces rites de purification accomplis, un ordre de marche rigoureux est établi. Après avoir offert des grains de maïs au dieu du feu, s'être fait asperger d'eau bénite des sources, les pèlerins s'en vont.

Dans leur hotte, panier de paille qu'ils portent avec une ceinture de laine autour des épaules, il y a les offrandes destinées aux dieux, la nourriture des pèlerins eux-mêmes et une petite machette courbe pour couper le cactus.

Le chemin qui mène à cette terre, véritablement sainte pour les Huichols, est long et difficile; c'est le chemin du sacrifice et de la purification. Seuls ceux qui arrivent au désert où pousse le cactus sacré dans un état de pureté extrême peuvent communier avec le dieu qui l'habite, sans risque de maladie ou de folie. La privation partielle de sel, de condiments et d'eau (ils ne mangent que des tortillas et des haricots) contribue à obtenir cette pureté, tout comme l'abstinence sexuelle.

Les mythes des marches des anciens temps leur servent d'exemple. Ainsi, chaque jour ils doivent marcher sans s'arrêter jusqu'au lieu indiqué par la tradition des ancêtres, ces étapes du pèlerinage étant toujours les mêmes. Même si, maintenant, cette tradition se relâche, elle était essentielle pour que cette marche joue son rôle d'initiation dans une géographie mystique.

Avant d'arriver au pays du peyotl, les pèlerins doivent passer cinq portes mythiques gardées chacune par une divinité cerf. Leur route traverse un grand nombre de lieux sacrés, montagnes, collines, sources, rochers et étangs, où ils voient les empreintes de leurs dieux. Bien que vivant à des centaines de kilomètres, ils semblent connaître les lieux qu'ils traversent mieux que leurs habitants. Le paysage est pour eux comme un livre qu'ils traduisent avec leurs mythes.

A l'étape du soir, on offre toujours du maïs au feu. Avant de s'endormir, ils prient pour être protégés des esprits et animaux maléfiques, ainsi que du vent fou. Au matin, au moment de repartir, c'est encore le feu que l'on implore de protéger la marche de la journée.

Parvenus au désert qui est le but de leur marche, les pèlerins remplissent leurs hottes de ces cactus hallucinogènes, cérémonial décrit par M. Benzi dans son livre sur les Huichols[9].

Avant de sortir du pays du peyotl, ils s'arrêtent une dernière fois pour le saluer, tout en mâchant quelques cactus qu'ils tirent de la bourse où se tient leur réserve personnelle. La récolte de la hotte est ramenée pour les fêtes d'une année.

Le rythme du retour est si harmonieux qu'il donne l'impression de suivre une musique que seuls les pèlerins entendent. Il est différent de celui de l'aller, du fait de l'absorption du peyotl en grande quantité qui permet aux marcheurs de mieux supporter fatigues et privations.

Et c'est cette marche extasiée qui les mène vers la chasse au cerf rituelle avant de regagner leurs montagnes.

La marche en montagne

Marco Pallis l'avait compris en partant comme alpiniste dans l'Himalaya pour finir comme alpiniste spirituel de la mystique tibétaine : quand les sommets des pics se confondent avec les cimes de notre vie intérieure, on marche vraiment dans la montagne.

Qu'elle soit escalade ou autre, la véritable marche en montagne dépouille l'individu jusqu'à ce qu'il vive dans l'essentiel du paysage qui, à mesure que l'on monte en altitude, se dépouille lui aussi pour devenir un univers où ne poussent que quelques saxifrages et où ne vivent que quelques choucas. La montagne libère la vérité qui est en chaque homme.

L'alpinisme, en communiquant à la fois la peur, l'humilité et la béatitude, ne peut être qu'une initiation à une autre vie. Maurice Chappaz a bien saisi cela quand il écrit que si les alpinistes les plus experts rentraient dans le monde par une autre voie

sans négation de la nature, ils feraient «leurs premières comme vachers dans les villages des
rochers». Un ami lui dit même un jour : «Si je
devenais tout à fait bûcheron, peut-être n'aurais-je
plus besoin d'aller courir en montagne...»

Dans une optique différente, la marche en montagne n'est qu'un marchandage où l'on espère à
chaque fois recevoir quelque chose après une vie
insipide entre deux courses éloignées l'une de
l'autre. Chaque montée devrait être au contraire un
pèlerinage vers le centre — le Soi — qui est en
chaque homme, libérant ce que l'on a accumulé au-
dessus et qui l'obscurcit. Dans les difficultés,
l'homme est seul avec lui-même, seul avec celui que
Lin-tsi appelle «l'homme vrai». Côtoyer la mort à
chaque instant redonne le sens de l'amour de la vie.
C'est aussi un moyen d'éliminer toute pensée
étrangère à la montagne, un moyen donné à
l'homme d'être à ce qu'il fait au présent, car le
temps est aboli dans un éternel présent que n'arrive pas à rompre le rythme du jour et de la nuit.
«De la base au sommet du pic, l'action est une»,
écrit Guitton.

L'alpinisme est une ascèse qui, dans sa vérité,
délivre l'homme vrai de sa gangue de pensées et
d'attachements mentaux à des valeurs, préjugés et
désirs, qui n'ont plus cours dans la précarité de la
montagne, et y apparaissent vains et futiles, même
dérisoires.

Fut un temps, on a assisté[10] à un alpinisme psychédélique, avec la venue en France d'alpinistes californiens. C'est bien leur âme que beaucoup d'alpinistes sincères vont chercher dans la montagne, mais quand ils ne la rencontrent que dans cet effort, et pas ailleurs, cela devient comme une drogue, au sens où l'on n'arrive pas à intégrer dans sa vie quotidienne la vision donnée par certaines substances psychédéliques, et qu'il faut sans cesse avoir recours à ces dernières pour retrouver ce regard neuf sur l'univers. Celui qui ne peut s'enivrer d'une simple marche pour vivre, là où il doit vivre, l'alpinisme et les substances hallucinogènes n'étant que le doigt qui montre la lune, prend le doigt pour la lune.

Il suffit de comparer cette phrase d'un expérimentateur des substances psychédéliques : « Même si le L.S.D. a raccourci ma vie de quelques années, il m'aura appris à apprécier la vie », avec cette autre réflexion d'un alpiniste : « Une journée comme celle-ci de temps à autre, et l'on n'a plus grand-chose à demander à la vie. »

La véritable marche en montagne est un voyage en nous-mêmes vers la connaissance intérieure, un voyage qui nous fait sortir de nos habitudes mentales — ce qui est le premier sens étymologique du mot « extase ». Le haut pays, le monde minéral sans images des cimes, se confond alors avec l'extrême pointe de notre esprit, le vide créateur sans image. L'alpiniste mystique, comme un moine, sort du « monde » pour entrer dans l'univers.

Mais l'effort de l'escalade, qui purifie les sens et donne plus d'acuité à notre regard, est donné à celui qui travaille et marche dans la montagne et qui est assez clairvoyant pour comprendre l'enrichissement de ses efforts, ce dont la plupart des citadins sédentarisés sont privés.

Celui qui pénètre dans le paysage désertique des cimes pénètre un peu dans un autre monde, un monde qui agit sur son esprit par son silence, son vide, sa rareté en oxygène et son altitude ; tout semble agir sur l'organisme humain comme une substance hallucinogène avec tous ses effets neurophysiologiques. Sans compter la peur et la frayeur qui peuvent ébranler les barrières mentales pour laisser jaillir le Soi. Atteindre le sommet, c'est atteindre une double lumière.

Avant que les Népalais ne voient défiler des amateurs d'escalade et de marche sur les pentes de leurs montagnes, il était interdit de grimper sur les montagnes sacrées au pied desquelles vivaient encore des ermites dans la tradition de Milarepa. Et tout ce peuple vivait de marches et de travaux quotidiens dans une certaine illumination ; c'est peut-être ce que certains citadins recherchent maintenant, et au prix de beaucoup d'efforts et de dépenses, dans ces pays où règne encore un mode de vie agricole qu'ils refusent par ailleurs.

C'est ce qu'a fort bien exprimé un guide suisse[11] devenu à moitié bûcheron lui-même : « La terre se

quitte, on tâche de retrouver le contact ou les sur-
prises de l'effort dans d'autres exercices. » La marche
en montagne, pour lui, n'avait plus de sens s'il lui
fallait redescendre : « Si cela avait été possible à la
fin des courses, je serais resté sur place à la cabane »
— et certains l'on fait en devenant gardiens de
refuges[12], semblables aux cénobites du mont Athos.

Le même guide nous dit qu'en escaladant la
pierre, on surprend mieux un lieu, on en sent
mieux la topographie, qu'en marchant sur un sentier qui le traverse. Cette marche-escalade dans la
montagne est, pour l'homme sédentaire enfermé
dans les barrières de la routine et de la vie artificielle, un moyen de retrouver contact avec lui-
même et la nature, sans barrières.

La seule difficulté est peut-être de retrouver la
qualité de la vie que menaient certains bergers qui
passaient plusieurs mois par an entre 1 600 et
2 000 mètres d'altitude à marcher dans la solitude
de la montagne, avec une autre conscience — celle
de la vie spirituelle ; il ne dépend que de nous de
la puiser en nous-mêmes et avoir ainsi un autre
regard sur le réel — qui manquait, parfois, aux
sociétés rurales.

Respirer en marchant

Marcher, c'est vraiment ralentir l'organisme.
C'est ralentir sa respiration, c'est changer de

rythme cardiaque. Marcher, c'est oxygéner le cerveau, utiliser notre corps et nos sens ; la marche nous oblige à tout instant à garder l'équilibre, à utiliser notre colonne vertébrale, l'arbre des chakras dans le yoga.

Toutes les techniques respiratoires visent à purifier le corps et surtout ce que l'Inde appelle les « chakras » — les points vitaux de l'organisme qui correspondent à certaines zones du cerveau —, et qui coïncident avec certains points de l'acupuncture chinoise.

Tout comme il y a des contrôles du souffle qui augmentent la chaleur (*sûrya bheneda*), il en est d'autres qui refroidissent ou, encore, qui guérissent certaines maladies. Il existe notamment un exercice nommé « *plâvini* » dont la pratique permet de devenir léger comme une plume.

Ralentir son rythme respiratoire, c'est baisser l'apport d'oxygène dans le sang, ce qui est le propre de tous les états mystiques ; cela a principalement une action sur la glande pinéale. Mais le but de la maîtrise du souffle (*pranâyama*) est principalement de diminuer la distraction provoquée par les sens, d'unifier en quelque sorte ceux-ci pour permettre la concentration. Il s'agit d'inspirations plus profondes et retenues plus longtemps qu'à l'accoutumée, et de lentes expirations, ce qui est exactement le rythme d'une marche où l'on ne parle pas, où l'on se concentre sur le chemin.

La marche, en changeant le rythme respiratoire de l'homme sédentaire et donc en agissant sur l'agitation mentale, peut être une forme de yoga, surtout si elle est accompagnée d'autres méthodes purificatrices, comme par exemple le régime végétarien qui agit sur la production de sérotonine, hormone tissulaire du cerveau et principal facteur d'éveil de l'« esprit ».

Intégrer les méthodes spirituelles des mystiques (ayant malgré tout besoin d'un minimum vital) dans les activités économiques, cela, la marche peut nous le permettre, et c'est peut-être le but de toute évolution véritable : ne pas séparer la vie et le spirituel.

Les pieds et les pas

Les pieds

Pour la bioénergie, enraciner quelqu'un signifie le ramener sur la terre ferme ; cela signifie aussi établir un contact adéquat avec le sol. La plupart des gens pensent qu'ils ont les pieds sur terre, mais il leur manque le vrai contact énergétique.

La bioénergie propose ainsi des exercices pour faire retrouver à l'homme urbain la sensibilité de ses pieds, c'est-à-dire le lien à la terre. Car plus on se sent en contact avec le sol, mieux on y est planté et plus on peut vivre vraiment et être au monde.

Toute la technologie humaine vise à remplacer les jambes (et les mains), comme si l'homme avait honte d'être un bipède et qu'il enviait les autres animaux. Être debout, seul sur ses jambes, est une réalité de l'existence que l'homme moderne refuse, il lui faut des machines pour le porter et l'aider à exister. Un outil véritable multiplie notre énergie, une machine ne fait que remplacer la vie de notre corps.

Les pas

L'énumération des dix pas, que l'on trouve en Inde dans la danse sacrée, n'est pas sans rapport avec le chamanisme et ses imitations des marches d'animaux, qui est à l'origine des religions :

• Le pas du cygne : avancer doucement un pied après l'autre et se pencher alternativement des deux côtés.

• Le pas du paon : se tenir sur la pointe des pieds et mouvoir les genoux l'un après l'autre.

• Le pas du cerf : courir en avant ou sur le côté.

• Le pas de l'éléphant : marcher lentement.

• Le pas du cheval : lever haut le pied droit, faire des sauts.

• Le pas du lion : se tenir sur la pointe des pieds, sauter en avant rapidement.

• Le pas du serpent : marcher en ondulant.

• Le pas du crapaud : marcher par bonds.

• Le pas héroïque : marcher martialement.

• Le pas humain.

Chacun de ces pas est accompagné de mouvements de mains, gestes sacrés (*mudras*) que l'on retrouve dans les rituels de prière.

Il y a aussi les huit démarches, les dix mandalas, les six *sthnakas*, les sept mouvements en spirale, tous les mouvements des pieds et des jambes ; il semble que dans cette danse sacrée de l'Inde, toutes les marches possibles ont été codifiées de façon précise.

Concentration sur la plante des pieds

Dans la plupart des traditions, on insiste sur le fait que la plante des pieds est un organe récepteur de certains facteurs de santé — que ce soit par immersion des pieds dans l'eau ou dans des infusions ou des décoctions de plantes, par la marche pieds nus dans la rosée du matin, ou bien encore l'entrée pieds nus dans les lieux sacrés d'Orient pour en capter les énergies telluriques, bénéfiques, selon la géographie géomantique des courants d'énergies ou «veines du dragon».

De plus, les pieds sont liés aux plantes, et pour préparer à la marche ou en reposer, on indique des pédiluves — bains de pieds aux essences végétales…, ou encore des massages spécifiques comme au Japon où il existe un *shiatsu* des pieds.

Hakuin rapporte la citation de Bouddha faite par son maître : «Mille et une maladies sont gué-

ries en fixant l'attention sur la plante de vos pieds. »
Dans les monastères zen, la marche en *kin hin* (voir
l'Anthologie en p. 120 du présent ouvrage), avec
concentration sur la plante des pieds, et la racine
du gros orteil, témoigne d'une pratique constante
en ce sens.

Un texte indien, le Bhâgavata Purâna[13], indique
aussi une méditation sur les pieds : « Le *patala* est
la plante de son pied, disent les sages ; *rasatala* en
est le talon et le bout, *manatala* forme les chevilles
de *purusa*, le créateur de textes choses, et *talatala*
ses jambes. » Méditer longtemps sur le lotus des
pieds est une des formes de la méditation expliquée
par ce texte.

Tchouang-tseu n'a-t-il pas dit : « L'homme véritable respire avec ses talons », tout comme au printemps l'énergie commence à monter par le bas ?

Et Hakuin, rapportant l'enseignement de son
maître[14] : « Si vous rassemblez les flammes de
votre cœur et le feu de vos pensées et les concen-
trez sur l'espace sous le nombril (*hara*) et sur la
plante de vos pieds, votre poitrine et votre dia-
phragme deviendront d'eux-mêmes frais et clairs.
Aucun calcul abstrus ne vous troublera et il ne
s'élèvera pas la plus petite ride des vagues tumul-
tueuses du désir. Voilà la véritable et pure méditation. » Celui qui peut intégrer cette forme de
méditation dans sa marche est doublement sur le
bon chemin…

Marcher pour vivre

Il ne s'agit pas seulement de marcher pour se rendre quelque part. Cette sorte de marche dont nous parlons ici amène un plus de conscience ; elle est bien exprimée par un guide de montagne devenu bûcheron :

« Je continue en solitaire ma tâche. Ma propre ombre s'allonge le soir sur le pâturage. La lumière aussi s'étend. Les êtres s'allument. La feuille part du vert, devient tranquillement jaune, ensuite rouge, passe du rouge au brun. Les sentiers se tachent. J'ai besoin de voir chaque année les changements de la nature, sinon il me manquerait quelque chose dans le cycle, dans ce tour normal de la vie. [...] En forêt, je puis dormir où je me trouve. [...] On se lève au jour, on se couche à la nuit, on mange quand on veut. [...] Le rapprochement se fait toujours plus vif avec la nature qui ne profite jamais de nous. » [15]

Marcher, c'est suivre des sentiers en harmonie avec la respiration de la terre, avec les pulsions du paysage. Hippocrate et Pline conseillaient de beaucoup marcher, la marche renouvelant notre perception du monde.

« *Charaiveti*, marcher, exhortent les Védas », nous dit Vinoba qui ajoute : « Quand on chemine, la pensée s'éclaire. »

Marcher pour vivre est encore possible à notre

époque en allant cultiver des champs, couper du bois, faire les foins, mener des bêtes au pré, leur porter de l'eau et du foin, cueillir des fruits et des légumes sauvages. Tout un alpinisme quotidien qui est à la portée de tous — il suffit de s'effacer, de se faire humble, de faire taire ses désirs égoïstes ; alors, chaque marche de la journée devient une expérience spirituelle.

Marcher pour vivre, c'est vivre lentement. « Celui qui va lentement arrivera rapidement » (Milarepa) [16]. C'est une vie à la mesure du corps de l'homme, de son rythme respiratoire. Marcher pour vivre, c'est respirer moins vite, être plus contemplatif, plus réceptif dans toutes nos activités. C'est retrouver la vie où l'homme a sa place, cette vie « où la vie de chacun s'insérait dans "son" temps sans en rien perdre, alors que la mécanique nous expulse du nôtre ». Marcher comme les nomades d'Afrique du Nord qui font encore mille kilomètres avec des troupeaux de chèvres pour les échanger contre du blé qu'ils ramènent chez eux.

Le père Huc rapporte au XIXᵉ siècle que les Chinois trouvaient singulière la promenade hygiénique des Occidentaux, alors que, pour eux, l'oisiveté était la meilleure manière de passer le temps après le travail. Que dire alors des touristes modernes qui s'en vont en avion, marcher huit jours au Népal, alors que des paysans népalais vont à trois jours de marche chercher du bois ou ramener du foin ?

Marcher en conscience cela «purifie l'esprit des pensées obstructives» (Bouddha). Un biologiste américain, V. Chapette, a mis en évidence que la marche éveille l'hémisphère droit du cerveau et lui fait produite des endorphines causant un état d'hyper-lucidité[17]. Le Bouddha ne se trompait pas en liant la marche à l'Esprit originel…

On est loin des randonneurs de quelques jours dans le désert qu'une voiture suit par la route, portant les bagages… Les sensations qu'ils recherchent, ils les trouveraient en menant une vie rurale avec toutes leurs facultés poétiques; ils trouveraient alors «l'accord du corps à la nature; ce n'est plus son corps qu'on écoute obstinément : c'est l'harmonie du monde qu'on entend».

Chercher des champignons

On ne sait trop si c'est l'ozone des bois qui agit sur le cerveau[18], ou si c'est la concentration sur les champignons que l'on recherche dans l'obscurité des bois, en tout cas, la marche aux champignons agit sur l'esprit au point de l'enivrer. Sans doute peut-on aussi attribuer cet enivrement au fait que l'on tourne sans cesse, un peu comme dans certaines danses sacrées dont le but est l'extase.

Tout contribue à modifier la conscience, non seulement le rythme de la marche imposée par l'atmosphère des bois, mais aussi les formes et les couleurs des champignons que l'on y rencontre. A errer ainsi toute un après-midi dans les bois, on se sent comme envoûté. Et le plaisir de la cueillette se mêle à la magie de la nature : on retrouve une âme d'enfant !

Vu leur teneur très élevée en protéines, souvent plus important que celle contenue par la viande, la cueillette des champignons dans certains pays de l'Est était la base d'une économie alimentaire complémentaire de l'agriculture. Ainsi, les paysans de Pologne les conservaient dans des fûts au sel, ceux de Russie se nourrissaient presque exclusivement de champignons lacto-fermentés durant les jeûnes de l'Église orthodoxe,

Si le rôle organique du champignon est de faire le vide, en transformant les déchets organiques, ne pourraient-ils pas aussi agir sur notre esprit de la même façon, en faisant le vide, transformant notre esprit et ses pensées en un vide illuminé ?

Le nomadisme de l'habitat

Il est une marche bien spéciale qui dérive d'un nomadisme de l'habitat tel qu'on le trouve encore chez les sherpas du Népal qui ont trois maisons : une en basse altitude pour cultiver au printemps, une très haut pour garder leur bétail l'été, et une entre les deux, pour y passer l'hiver. Au Tibet, ce sont les maisons à trois niveaux dont l'occupation varie suivant les saisons : l'hiver au rez-de-chaussée, printemps à l'étage et été sur le toit-terrasse.

En haute Ariège, en hiver, les montagnards passaient leur temps à aller de grange en grange dans toute la montagne avec leur bétail, pour leur faire manger le foin ; certaines même, assez éloignées, possédaient une cheminée et un coin dans le fenil protégé du vent par des planches bouffetées pour dormir, ou bien une cabane à côté et un jardin pour avoir des pommes de terre à manger sur place avec le lait. Ils y passaient la nuit, trayant soir et matin pour redescendre la journée au village. Certains bergers des Pyrénées avaient même une cabane portative qui se transportait sur les épaules comme une chaise à porteurs, pour suivre les troupeaux. L'été, des familles entières partaient dans les hautes granges avec les poules, le bétail et les casseroles, pour cultiver et faire les foins.

On retrouve la même tradition dans le Japon du VIIe siècle où un poète anonyme écrit : « Pour la moisson d'automne, je me suis construit une hutte », et aussi dans la Chine antique selon Henri Maspéro : « Au troisième mois, quand approchait l'été et que les semis grandissaient et exigeaient un labeur constant, binage, sarclage, et une surveillance de tous les instants contre les bêtes sauvages, tous — hommes, femmes et enfants — quittaient la maison du hameau pour aller s'installer dans des huttes près du défrichement. » [19] Au neuvième mois, ils retournaient au village après les récoltes. Ce nomadisme agricole se faisait à pied, bien entendu.

Les compagnons

Les apprentis faisaient à pied leur tour de France durant huit ans, avec un baluchon sur l'épaule (la malle à quatre nœuds). Tour de France qui était jalonné de relais et d'auberges où le compagnon était sûr de trouver gîte et couvert, et embauche. Chaque relais était séparé de l'autre par une distance de quarante kilomètres, ce qui équivaut à une journée de marche.

La durée d'une halte d'embauche pouvait durer de six mois à un an. Cet apprentissage avait pour but d'apprendre la diversité des techniques de toutes les provinces de France.

A la fois travailleur et errant, par cette expérience unique le compagnon apprenait surtout l'autonomie et l'indépendance, même si son tour était réglementé, structuré et organisé très sévèrement. Il s'appelait « l'homme qui passe » et cherchait avant tout la différence dans le savoir (il y a un siècle, on percevait encore d'énormes dissemblances à cent kilomètres de distance).

La vie du vagant du Moyen Âge[20]

Indépendant des hommes, soumis aux intempéries, aux saisons, marchant sans but, sans toit, sans attaches, ne possédant rien, livré aux hasards, le vagant menait une vie dans laquelle le temps n'avait pas de réalité.

Prenant ce que « Dieu » lui donnait : soleil, pluie, brouillard, chaleur neige et froid, faim ou nourriture, il était hors du temps, hors de l'histoire et du souci d'améliorer sa vie ou d'amasser quoi que ce soit, il vivait dans l'instabilité de l'existence, le miracle de chaque jour. Son seul besoin était de trouver nourriture et gîte pour chaque nuit — chercher le coin de champ ou de forêt où dormir était devenu une habitude.

Cette tradition du vagant médiéval se retrouve un peu chez le colporteur qui existait encore au siècle dernier et même encore jusque vers 1930.

Un colporteur suisse[21]

En 1930, A. Nider, devenu maintenant ethnologue, se trouvant à l'époque sans emploi, devint colporteur en articles pour fumeurs : pipes, tabac, papier à cigarette. Et il parcourut ainsi à pied le Valais, les Grisons, le Tessin. Que les chemins soient poussiéreux ou rocailleux, il montait par la seule force de ses jambes de village en village, sa marchandise sur le dos. Il visita ainsi les cent soixante-dix communes du Valais dont cinquante étaient à l'époque inaccessibles par route.

Il n'y a pas si longtemps encore, l'on savait, et l'on pouvait marcher pour vivre...

Vers une socio-économie de la marche

Les paysans des siècles derniers connaissaient un « vide mental » naturel de par leurs activités quotidiennes, marches et travaux physiques dans la solitude et la nature. Mais de ce vide (que Jung a appelé l'« inconscient cosmique », différent de l'inconscient collectif, et les bouddhistes *chan* la « nature originelle ») ne jaillissait l'énergie créatrice que dans la construction de leur habitat et la fabrication de leurs objets quotidiens.

Notre société occidentale présente est basée sur la négation de ce vide mental qu'elle tend à « éviter » par la mécanisation, les loisirs, les distractions, les besoins d'objets, l'agitation frénétique et le bavardage audiovisuels. Le Soi est étouffé et la créativité originelle ne jaillit même plus dans les objets que cette société produit, objets industriels, reflet d'un mental coupé de la source de la vie.

Comme l'a dit Gary Snyder, la véritable énergie est avant tout l'énergie spirituelle et cette énergie spirituelle peut nous donner une autre vision du monde et changer notre vie au point de rendre vains et inutiles toutes les recherches de plaisirs artificiels et nos besoins sans cesse accrus. Mais c'est peut-être par un long détour, celui des recherches neurologiques et parapsychiques — qui redécouvrent la valeur des phénomènes spirituels de l'être humain, et les localisent dans l'hémisphère droit du cerveau —, que sera redécouvert le vide créateur. Cette énergie spirituelle que chacun peut découvrir en lui changera plus radicalement la vie que toutes nos technologies, peut-être même au point que nous referons de la marche à pied pour vivre et que les activités agricoles, bannies de nos sociétés à 90 % urbaines, deviendront des moyens d'atteindre ce vide créatif que recherchaient les mystiques dans leurs monastères…

La marche quotidienne est la seule relation avec la nature, insérée dans une économie où le corps humain retrouve sa place. Rousseau disait que marcher vivifiait son esprit. Kierkegaard en retirait une impression de bien-être et de libération totale. La marche oblige à l'attention et à l'acuité. Pour Jacques Meunier[22] le marcheur « marche pour s'alléger. Il veut s'éveiller à la route et ouvrir son corps au flux du monde ».

Les sentiers exprimaient cet accord entre le pied humain et l'environnement. Jacques Meunier, encore, nous avertit : « Ne pas oublier, marcher est un besoin primordial qui nous relie à l'univers. » La présente sélection de réflexions et de textes illustre ce besoin.

2.

La marche
en tant que technique
de survie écologique

«Faites attention au temps, aux heures de l'univers et non à celles des trains.»

H.D. Thoreau

Ce qui en Orient était une fonction sacrée — celle du moine errant qui marche sans domicile fixe —, devient chez nous un délit qui tombe sous les coups de la loi ainsi qu'il est précisé dans *Nomades et vagabonds*[1] : «Le code pénal de 1810 [...] range la mendicité et le vagabondage dans son chapitre III, "Crimes et délits contre la paix publique". La résorption du vagabondage n'est plus laissée à l'armée ou à la police, au gré des besoins ou des menaces ; le vagabondage devient un délit, une infraction permanente : "Les vagabonds, ou les gens sans aveu, sont ceux qui n'ont ni domicile certain ni moyens de subsistance, et qui n'exercent habituellement ni métier ni profession [...] sont passibles d'un emprisonnement de trois à six mois".»

Le jour lointain où une telle loi fera son apparition en Inde, où des milliers de moines errants continuent à pratiquer l'errance sans but, l'Orient aura rejoint l'Occident dans son processus de désacralisation de la vie qui est la conséquence de toute industrialisation forcenée.

Le sacré s'accommode mal de la vitesse. Ainsi que le souligne si justement René Dubos[2], les fleurs, les haies, les revêtements herbeux et les chemins sinueux sont agréables à petite vitesse, mais à cent kilomètres à l'heure, ils brouillent la vision et sont une gêne pour l'automobiliste, même un danger. Les fleurs peuvent faire la joie d'un promeneur et le murmure d'un ruisseau calme celle d'un voyageur à cheval, mais pour le conducteur de voiture, ils ne signifient rien…

Si la vitesse sépare l'être humain de son milieu, la lenteur le relie et le réconcilie sans cesse avec une nature qu'il semble craindre. La lenteur de la marche à pied est bien une désobéissance civile dans une société qui prône la vitesse comme seul critère de toute activité — que ce soit dans les déplacements ou dans le travail. René Dubos ajoute qu'il y avait un rapport harmonieux entre les véhicules lents et la campagne douillette, si délicatement dessinée à l'ère préindustrielle, à l'opposé des transports modernes qui, eux, sont adaptés au paysage uniforme d'une rase campagne dévastée par les machines agricoles.

« Le pire châtiment de l'époque où nous sommes

et sa condamnation sans doute la plus grave, c'est qu'elle ait pu, en quelque cent cinquante ans, nous rendre à peu près inimaginable le monde où l'homme avait encore toute sa place, un monde où l'on naviguait à la voile, où l'on voyageait à cheval ou à pied, et des temps où la vie s'insérait dans "son" temps sans en rien perdre, alors que la mécanique nous expulse du nôtre. Certes, le modernisme a toujours existé ; mais un modernisme qui nous veut orphelins du passé et nous exile de l'humanité rien que pour exister dans sa seule étroitesse sans cesse dépassée, voilà qui n'a rien de moderne mais qui porte, en réalité, le nom même de l'épouvante que les siècles redoutaient en l'appelant la "bête de l'abîme". »[3]

L'éloge de la lenteur revient à préconiser une façon de vivre opposée au mythe de la vitesse et de la ponctualité. Ainsi que l'exprime quelqu'un chargé des services ferroviaires[4] : « Si nous arrivons tous, sur toute l'étendue de nos réseaux, à respecter l'heure à la seconde, nous aurons doté l'humanité de l'instrument le plus efficace pour la construction du monde nouveau ! » L'acte de marcher n'a rien à voir avec cet horaire artificiel ; la marche suit le véritable cadran solaire biologique qu'est notre corps ; la marche, c'est la recherche de la plénitude de tout notre être et non celle de la ponctualité. La marche est le seul moyen d'être au monde, à l'opposé de cette utopie morbide de la vitesse telle que la décrit Paul Virilio dans

« Véhiculaires » [5] : « Le milieu proche, à distance pédestre, nous semblera lointain, et nous reporterons sur notre environnement immédiat l'impatience de l'attente ; notre corps, véhicule métabolique, nous semblera de plomb ; comme le scaphandrier, nous aurons la sensation d'un ralenti inacceptable, notre corps sera devenu insupportable ; comme la pression au fond des mers, le paysage immédiat semblera aussi lointain et inaccessible à nos propres forces que la cathédrale de Chartres pour le pèlerin. »

Mais cela, c'est la mort du corps, la mort de la vie. La vie, c'est la lenteur (« la terre ne s'est pas faite en un jour »). Alain Hervé nous met en garde : « Vouloir gagner du temps revient presque toujours à créer du temps mort. Ralentir, c'est presque toujours apprendre à vivre [6]. » Pour lui, vivre c'est consacrer du temps à ce qui est vivant.

Dans la vitesse, l'homme moderne cherche l'outil du corps, de la vie, ainsi que le souligne encore Paul Virilio : « L'indifférence aux paysages traversés, aux cultures exotiques, nous incitera-t-elle à la passivité, à l'indifférence aux matières, aux organes et aux lieux du corps animal ? » (exemple de la vitesse en tant qu'instinct de mort, en tant qu'anti-vie organique, comme aboutissement d'une pensée enfermée dans un monde artificiel). Nous sommes loin de ce que A. Préau [7], traducteur de Heidegger, nomme la « pensée aux rythmes lents, qui soupçonne que la voie de la vérité pourrait bien être celle du désintéressement. De la pensée qui quitte peu à peu ses propres constructions, les concepts passe-partout et les mille gadgets de la Raison, pour revenir aux "choses elles-mêmes"… ».

C'est encore Virilio qui nous dit que nous avons abandonné le véhicule métabolique de notre corps ou du cheval, qui était tout-terrain, n'avait pas besoin d'infrastructure ; et à présent, même si l'industrie s'impose aux lois de la nature, qu'importe, puisque seuls dominent le profit et la vitesse. La révolution industrielle a disqualifié l'être vivant, elle est une révolution de la rapidité : aller plus vite et produire plus vite. Et cela au prix de dizaines de milliers de morts et de centaines de milliers de blessés, au prix de la pollution atmosphérique, du bruit, de la mise à sac des espèces vivantes. La vitesse déforme l'espace et détruit la nature en voulant l'adapter aux fantasmes humains.

Marcher vraiment, c'est aller au rythme de la fleur qui s'ouvre, c'est la « lenteur au sein du silence », selon l'expression de Denis de Rougemont.

Cette société de la vitesse issue d'« un monde si inquiet qu'on ne pense presque jamais à la vie présente et à l'instant qu'on vit, mais à celui où l'on vivra. De sorte que l'on est toujours en état de vivre l'avenir, et jamais de vivre maintenant », nous avertissait déjà Pascal à une époque que l'on croyait lente. Ce désir de précipitation et d'agitation qui gâche le présent est bien en l'homme, et la tech-

nologie lui a permis de l'assouvir comme pour
mieux fuir la part spirituelle qui est en lui.

Plus que jamais, marcher c'est voyager avec la
Terre autour du Soleil pendant trois cent soixante-
cinq jours, c'est vivre aux rythmes biologiques de
la vie planétaire et non aux rythmes des mécaniques. Tchouang-tseu, le philosophe chinois,
disait que celui qui a l'esprit mécanisé perd la paix
de l'âme. Et il semble que ce soit le cas de notre
époque qui entend bien substituer la mécanique au
vivant, et même en donner envie aux pays du tiers-
monde.

Marcher une journée, c'est prendre le temps de
vivre, et cela vous prend tout votre temps, celui de
vivre.

Les petites villes existaient depuis déjà six mille
ans et ne dépassaient jamais un seuil relativement
modeste d'habitants. Et pourquoi ? se demande
Schumacher ; tout simplement parce que ces villes
vivaient de cette bande de terre qui les entourait
directement, puisque la lenteur de la traction animale (seule énergie avant le train et les camions) ne
leur permettait pas de s'approvisionner ailleurs,
même si quelques denrées circulaient lentement
par bateaux ou par chariots. Ainsi, jusqu'au siècle
dernier, il n'existait pas de villes dépassant trois
cent mille habitants.

La marche, c'est la lenteur de l'heure solaire, du
cadran solaire, qui rythme pulsations et circulation
sanguines, et non l'heure des horloges mécaniques.

Marcher, c'est retrouver ce rythme qui est celui de l'univers, celui de notre respiration, celui de notre cœur… Le rythme des caravanes, des colporteurs et des pèlerins.

Une énergie gratuite

Dans le cadre d'une économie écologique qui tiendrait compte de la vie des autres êtres non humains de la planète, la marche à pied (comme le vent, le soleil et l'air) est une énergie gratuite et renouvelable.

En 1970, Jean-Paul Sartre[8] critiquait notre société, et lui reprochait de satisfaire des besoins qu'elle avait artificiellement créés — comme l'automobile! En effet, en rendant peu à peu impossible toute vie de campagne sans automobiliste, en créant un seul système, urbain et industriel, dans lequel chacun doit s'insérer sous peine de vivre dans le désert rural avec le niveau de vie du tiers-monde, cette société technologique a donné le besoin de la voiture pour fuir une vie peu satisfaisante, nulle part, même pas dans la fuite. Car même ceux qui s'échappent vers une prétendue «nature» ne la supportent pas plus de quelques jours, et encore moins sans les commodités de leur industrie, celles-là même qui réduisent à néant la nature.

Ivan Illich[9] a démontré avec patience que

l'énergie de la voiture et le temps qu'elle fait gagner sont un seul et même mythe : « L'automobiliste américain consacre quatre heures par jour à sa voiture, qu'il s'en serve, s'en occupe ou travaille pour elle. » Ainsi donc, quand l'homme moderne croit gagner du temps grâce à la vitesse de son véhicule, avec de surcroît beaucoup de complications, il ne va en fait pas plus vite qu'un piéton qui, lui, ne perd jamais de temps à travailler pour une voiture ni à s'en occuper. Compte tenu de ce temps, l'automobiliste mettrait en vérité une heure pour faire six kilomètres… H. D. Thoreau au XIXe siècle suggérait déjà que sa marche pour se rendre d'un lieu à un autre lui prenait moins de temps que de travailler pour payer le train sur cette distance…

La marche est une énergie gratuite, qui ne réclame pas plus de nourriture que celle que mangent ceux qui ne marchent pas. Retrouvons encore Illich : « L'homme peut se déplacer avec efficacité sans l'aide d'aucun outil. Le transport de chaque gramme de son propre corps, sur un kilomètre parcouru en dix minutes, lui coûte 0,75 calorie. L'homme est une machine thermodynamique plus rentable que n'importe quel véhicule motorisé, et plus efficace que la plupart des animaux. » Avec ce taux de rendement, les paysans et les nomades consacrent respectivement moins de 5 % et moins de 10 % du temps social à circuler hors de leur maison ou de leur campement…

De même, la bicyclette permet à l'homme d'aller trois ou quatre fois plus vite qu'en marchant, en terrain plat, tout en dépensant cinq fois moins de calories, c'est-à-dire une dépense de 0,15 calorie pour parcourir un kilomètre. Un Chinois consacre moins d'heures de travail à l'achat d'une bicyclette qu'un Américain à l'achat de sa voiture. L'énergie humaine est finalement la plus efficace et la plus économique, et ne dépend que de la nourriture, au lieu de carburants illusoires qui nécessiteraient des cultures de topinambours, de légumes fourragers et de vigne, non pour manger mais pour les transformer en alcool ou en méthanol pour les automobiles. [10]

Un spécialiste et inventeur de modèles d'automobiles, J.-A. Grégoire, avoue lui-même dans *Vivre sans pétrole* [11] que, vu les ressources planétaires limitées, l'automobile individuelle est condamnée, mais il ne voit pas de solution autre que des transports électriques grâce aux centrales nucléaires ! On est loin de l'idée de réintroduire la marche comme facteur économique dans nos sociétés. Il décrit par ailleurs une voiture qui utilise le vin blanc comme carburant ! Dans l'optique taoïste de cet ouvrage, on pourrait dire qu'il vaudrait sans doute mieux aller à pied et boire du vin biologique…

Il nous faudrait retrouver la sagesse des voyages à pied que vantait Rousseau il y a deux siècles…

La voiture individuelle en question

Ce n'est pas le véhicule utilitaire qui est ici en question, mais le véhicule individuel et ses répercussions spirituelles. Véhicule qui ne produit rien et ne sert à rien, sinon à assouvir des besoins égotiques de domination et de facilité. L'automobile individuelle ressemble à une excroissance de l'ego, aussi néfaste à la vie spirituelle que l'ego avide de désirs et de pensées. Facilité qui, à l'opposé du pèlerinage, excite ce système de possession et de violence qui est obstacle à la réalisation spirituelle. Cet objet est d'autant plus néfaste qu'il tend à asservir et à urbaniser le milieu dans lequel nous vivons, à rendre nécessaire une industrie qui est un poids pour les écosystèmes.

Notre société en est arrivée à considérer l'automobile comme un équivalent « assez exact des cathédrales gothiques. Je veux dire : une grande création d'époque conçue par des artistes inconnus, consommée dans son image, sinon dans son usage, par un peuple entier, qui s'approprie en elle un objet parfaitement magique », écrit Roland Barthes[12]. A la différence près que les cathédrales jaillissaient du vide spirituel créateur et que l'automobile jaillit d'un néant industriel, qu'Heidegger appelle la « pensée calculante », celui du mental et de l'ego, si loin de l'intelligence spirituelle, le *noüs* des Grecs.

La mentalité industrielle, c'est celle du couple ego-mental coupé du *soi* de la nature originelle, c'est le désir et la volonté de puissance de l'homme qui deviennent désormais la seule « réalité ». Et tous les gadgets pouvant flatter cet orgueil sont produits sans cesse dans des usines qui écrasent la vie des forêts et des rivières. La schizophrénie de notre société est dans cette cassure entre l'ego et le Soi, qui donne une fausse vision du réel et nous jette dans le *samsara*[13] des Indiens, l'enfer des Occidentaux. Il suffit de réunir l'ego et le Soi pour vivre dans un *nirvana* qui n'a rien de lointain.

Pour Jean-Claude Barreau[14], « on peut être intoxiqué aussi par l'automobile et, chez certains, le culte de la bagnole a toutes les apparences d'une drogue dure ». On ne peut mieux illustrer cette affirmation que par cette citation d'un article du quotidien viennois *Kurier* : « Chaque année, un peu plus de vingt Autrichiens mettent fin à leurs jours, soit parce que leur permis de conduire a été annulé, soit parce qu'un accident a endommagé leur voiture bien-aimée […] Un nombre de plus en plus important de conducteurs ont perdu la notion de ce que devrait être la véritable relation avec une voiture, celle d'un simple moyen de transport, devenu pour eux, parfois inconsciemment, un élément de leur *moi*, un symbole de leur propre valeur. Sans permis de conduire, on n'est plus un homme ? Plutôt mourir que devoir vivre sans automobile… »

Constatation que rejoint Eric Fromm [15] quand il dit que « l'automobile privée est un gaspillage économique, un poison écologique et un traumatisant psychologique, une drogue qui crée une sensation artificielle de puissance et qui aide les individus à se fuir eux-mêmes ».

Jacques Ellul, dans un mémorable article publié dans *Le Monde* du 10/11 juin 1979, « La chasse au gaspi, l'auto et les intouchables », déclarait que l'abus majeur de notre société dans tous les domaines est le primat donné à l'automobile, qui massacre le paysage, coupe les villes et les villages. Il nous rappelle que les autoroutes ne sont qu'un legs du fascisme et du nazisme, et qu'elles déstructurent les régions et découpent le pays en tronçons irrécupérables, sans autre utilité que de permettre à l'automobiliste de gagner quelques heures. Mais tout ce que l'on peut dire, même au sujet de l'imbécillité des courses automobiles, se heurte, nous dit ce moraliste, à l'impératif numéro 1 de notre société — la bagnole, la passion, l'adoration de l'auto, sans laquelle le Français moderne s'estime frustré. Et ainsi tout est fait pour la circulation de la bagnole et non pour la circulation de la vie ; l'aménagement des villes se fait pour la circulation des voitures et non pour l'existence de ceux qui y habitent, et de conclure : « l'Ancien Régime a été droit à la guillotine en dansant des gavottes, le nôtre va sombrer dans le néant historique au bruit de nos moteurs de bagnoles ».

On est loin des cathédrales gothiques créées par une mystique du désintéressement où l'ego n'était que l'outil du divin...

Ce sentiment de puissance et de facilité que recherche l'automobiliste, et qui provoque l'urbanisation de toute la planète, mérite d'être étudié de plus près. C'est plutôt un sentiment primitif proche du fétichisme, qui a bien l'apparence d'une drogue, qui semble animer l'automobiliste.

Pour beaucoup, la voiture est une maison, une boîte qui les protège d'un monde extérieur qu'ils contribuent pourtant à promouvoir par leurs besoins. On retrouve toujours les mêmes recherches de plaisir et de griserie dans la conduite automobile ; ainsi que me l'a écrit Edgar Morin : « On peut jouir aussi en conduisant une voiture », comme s'il n'y avait pas de jouissance plus simple et plus profonde sur terre, et ne nécessitant pas d'industrie ni de carburant. En vérité, la voiture est un jouet, et des spécialistes le disent [16], un jouet qui donne une impression d'autorité et de maturité. La vitesse et la grosseur de la voiture ne sont pas des facteurs économiques, mais bien plutôt des moyens de l'expansion de l'ego.

On trouve une autre analyse judicieuse de l'action de l'automobile privée sur l'homme chez Edward T. Hall [17] qui, dans le cadre d'une étude sur l'espace des êtres humains, déplore qu'elle soit devenue le plus grand consommateur de l'espace personnel et public que l'homme ait jamais inventé. Dans une ville comme Los Angeles aux États-Unis, 60 à 70 % de l'espace urbain est consacré aux automobiles (rues, parkings et autoroutes).

L'automobile dévore des espaces nécessaires à la vie planétaire. Non seulement les hommes ne veulent plus marcher, mais, de plus, ceux qui le voudraient ne le peuvent plus, à moins que ce ne soit sous prétexte de vacances et de sentiers de randonnées balisés, quand leur voiture les attend quelque part...

Pour Hall, la voiture coupe effectivement ses occupants du monde extérieur en les enfermant dans un cocon de métal et de verre, émoussant ainsi la sensation du mouvement dans l'espace. Elle atrophie et mutile les sensibilité humaine. A l'opposé, pour lui, l'allure de la marche permet de percevoir notre relation aux arbres, aux buissons, aux feuilles, à l'herbe, aux rochers, aux pierres, aux grains de sable, aux mouches et aux moustiques... (au meilleur et au pire, donc), ce dont la voiture nous sépare. La vitesse de la voiture ne fait que brouiller les images proches, elle altère aussi notre rapport global avec le paysage. En marchant, espaces, distances et paysages prennent une signification plus intense. Il conclut en disant : « La voiture isole l'homme de son environnement comme, aussi, des contacts sociaux. Elle ne permet que les types de rapport les plus élémentaires qui mettent le plus souvent en jeu la compétition, l'agressivité et les instincts destructeurs. Si nous voulons retrouver le contact perdu à la fois avec les humains et avec la nature, il nous faudra trouver une solution radicale aux problèmes posés par l'automobile. »

On ne peut comparer en aucune façon l'automobile à une cathédrale, comme le fait Roland Barthes cité au début de ce chapitre ! Dans la construction des cathédrales, ce sont les forces créatrices cosmiques, éternellement présentes dans l'univers, qui s'exprimaient à travers l'homme, et qui, toujours, peuvent se manifester à tout moment de l'histoire ; pour ce qui est de l'automobile, comme l'exprime si bien Alain Hervé[18], c'est plutôt d'un retour à notre passé pré-humain qu'il s'agit.

La voiture, en reconstituant le glissement du corps dans l'eau, renverrait le conducteur à l'époque de notre vie de mammifère amphibien, et ce, tout en brûlant la substance des forêts de séquoias effondrées et pourries dans les marécages du Proche-Orient il y a cinq millions d'années. Alain Hervé va même jusqu'à supposer que ce carburant a une signification pour le vieux cerveau reptilien de l'automobiliste…

Paradoxale recherche de ce plaisir amphibien par l'automobile, à la même époque où l'homme massacre les baleines pour nourrir ses animaux domestiques et cirer ses souliers ! — privant justement la baleine de cette vie de flottement sans effort qu'il recherche lui-même, tout aliéné qu'il est par son passé cellulaire et insatisfait de son état de bipède.

Il y a d'autres plaisirs plus simples qui procurent le même effet tout en étant des moyens de transport, tels le vélo ou le bateau à voile. Alain Hervé poursuit sa psychanalyse de la voiture en la comparant à «une coquille dont la forme n'est pas loin de rappeler celle de l'œuf», où l'on trouve regroupés les éléments d'un confort qui n'existe qu'au tout début de notre existence.

La voiture est donc, surtout, un refus du présent, de ce que nous sommes, de ce qui est ici et maintenant, pour vouloir être autre chose.

Diogène mettait déjà l'homme en garde contre ce refus : «Quand vous détournez le regard vers le ciel, vous ne voulez pas voir ce qui est tout près de vous, de votre cœur, de vos yeux. Pourtant, on ne va très loin que lorsqu'on part de ce qui est au plus près, de ce qui nous touche et dont nous sommes touchés», et rabbi Pinhas, du mouvement hassidique : «L'homme ne doit pas vivre dans le refus ; il ne doit pas essayer d'être ce qu'il n'est pas.»

A quoi bon refuser de marcher ? Nous sommes mieux adaptés à l'environnement avec nos deux jambes et nos deux pieds que tous les véhicules et appareils inventés pour ne plus avoir à marcher et qui nécessitent que le milieu soit adapté à leur propre fonctionnement. Marcher, c'est être au monde par le présent de notre corps, par notre destin biologique de marcheur, sans la nostalgie d'être ce que nous avons été ni de ce que nous pourrions être. Décidément, le plaisir de voir une cathédrale ou de marcher est plus actuel, plus présent, plus vivant, que le « plaisir amphibien » de conduire une automobile…

3.

Le regard neuf
de la marche

« Marcher, c'est te rencontrer à chaque
instant, ô compagnon de voyage. »

Tagore

Marche magique sur le toit du monde : au Tibet

Les témoignages sur une très concrète marche
ultra-rapide inventée par les Tibétains ne man-
quent pas.

Elle est un art qui, selon la tradition tibétaine,
remonte à Padmasambhava : « La méthode utilisée
pour acquérir la clarté de l'esprit, la légèreté du
corps, la rapidité des pieds par le contrôle de la respiration. » Dans cette marche, les pieds semblent
en effet ne pas toucher le sol, le corps paraît rebon-
dir à chaque pas et s'enlever de terre. Notons
d'ailleurs que, à cette altitude, le poids du corps se
réduit.

Les vallées du Tibet se situent à l'altitude de nos

plus hauts sommets d'Europe ; l'esprit y est beaucoup plus léger, et la joie sans raison très fréquente. La présence d'oxygène en quantité réduite procure une euphorie se traduisant par une inhabituelle sérénité. Cette atmosphère nous met dans les mêmes états que les pratiques yogiques indiennes — un yogi vivant en basse altitude arrive, par ses exercices respiratoires et son régime végétarien, à faire baisser le taux d'oxygène dans son cerveau, et donc à se sentir comme s'il était en haute altitude. Au Tibet occidental (Zan Zun), par exemple, on doit respirer deux ou trois fois la quantité d'air qu'il serait nécessaire d'aspirer si l'on se trouvait au niveau de la mer.

D'habitude, les Tibétains marchent lentement, comme nous l'avons observé, et d'une allure régulière qui harmonise leurs pas au rythme de leur respiration. Parfois même, ils récitent des mantras, pratique qui, elle aussi, est une forme de respiration. Une telle marche est un exercice de méditation très apaisant qu'il est bon de pratiquer chaque jour.

Mais l'exemple le plus souvent cité, et le plus précis, de l'autre marche, appelée « *lung gom pa* », est celui rapporté par Alexandra David-Neel qui a observé plusieurs pratiquants : ce n'est pas tant la rapidité que l'endurance de ces marcheurs qu'il faut souligner — ils peuvent en effet parcourir plusieurs centaines de kilomètres à vive allure sans s'arrêter, et cela sans aliments ni repos.

Dans un pays où les hommes peuvent déjà, en temps normal, marcher vingt-quatre heures dans un froid extrême sans s'arrêter ni se chauffer, en ne mangeant qu'un peu de farine d'orge grillée (*tsampa*) et ce tout en avançant, cette marche magique pourrait apparaître comme le simple prolongement de la marche quotidienne.

L'entraînement pour accomplir cette marche comprend de longues années de réclusion dans les *tshams khang* obscurs (trois ans, trois mois, trois semaines et trois jours), où l'adepte se livre à des exercices de respiration pour arriver à la transparence — être capable de « s'asseoir sur un épi sans en faire courber la tige, ou de se poser sur un tas de grains d'orge sans déplacer un seul de ceux-ci », dit un texte tibétain.

Après ces années d'exercices respiratoires inspirés du yoga indien, le novice apprend avec son maître à rythmer sa respiration pendant la marche — les pas suivant la cadence des syllabes d'une formule magique.

Dans *lung gom pa*, *gom* signifie contemplation et concentration où l'esprit se vide jusqu'à l'identification sujet-objet. *Lung* signifie à la fois l'état fondamental de l'air sur lequel le pratiquant se concentre, et énergie vitale (*prâña* en sanskrit, *Qi* en chinois). Les techniques respiratoires du *lung gom pa* s'appliquent à harmoniser l'élément air du corps et la respiration, avec l'air que le corps du marcheur traverse. Les courants d'énergie psychique et ceux de l'atmosphère s'unissant, on arrive à certains états de conscience.

Le *lung gom pa* fait atteindre l'état de transe, dans lequel une bonne partie de la conscience mentale est abolie, et qui donne lieu à une sorte d'anesthésie qui amortit les heurts contre les pierres et autres obstacles de telle manière qu'aucune blessure ne se produit, fait comparable à la marche chamanique sur le feu qui ne laisse sur l'initié aucune trace de brûlure.

C'est la non-interférence du mental dans cette activité qui permet de marcher ainsi presque à travers les choses. Cette pratique rejoint les recherches parapsychiques modernes sur le pouvoir de l'esprit sur la matière, encore que le mot « pouvoir » soit de trop — il faudrait plutôt dire « communion entre l'esprit et la matière » (ces deux derniers étant la même énergie mais structurée différemment).

Ainsi, le marcheur qui sait harmoniser son énergie vitale à celle de l'air peut pratiquer le *lung gom pa*.

Les espaces désertiques, tout paysage propice à l'extinction du mental, qui ne distrait pas, qui permet de se concentrer sur la répétition du mantra, ainsi que certaines circonstances (les nuits claires, le crépuscule…), sont jugés favorables au *lung gom pa*. C'est souvent le soir, après une longue journée de marche normale, que vient l'état de transe qui permettra de marcher toute la nuit sans ressentir aucune fatigue de la journée. Fixer ses yeux sur une étoile durant la marche nocturne a le même effet qu'un mantra — cela permet une concentration qui déclenche des états tels que le corps et l'esprit sont réunis dans une même activité où tout semble devenir possible.

En guise d'expérience de *lung gom pa*, nous citerons celle de Govinda, qu'il décrit dans *Le chemin des nuages blancs*[1] :

« Je ne pouvais plus choisir où poser les pieds entre les rochers qui devant moi jonchaient le sol sur des kilomètres. La nuit m'avait gagné de vitesse, et pourtant, à mon grand étonnement, je sautais de rocher en rocher sans jamais glisser ni trébucher malgré les sandales très légères que je portais sur mes pieds nus. Je me rendis compte alors qu'une force étrange avait pris possession de moi, une conscience que ne guidaient ni les yeux ni le cerveau. Bien que se mouvant d'une façon presque mécanique, mes membres semblaient être dans une transe ; on aurait dit qu'ils possédaient une science intérieure qui leur était propre. Je distinguais les choses comme dans un rêve, détachées de moi. Même mon propre corps m'était devenu étranger, séparé presque de ma volonté. J'étais comme la flèche que l'élan initial force à poursuivre sa course inéluctablement. Tout ce que je savais, c'est qu'à aucun prix je ne devais rompre le charme qui s'était emparé de moi.

« Ce n'est que plus tard que je compris ce qui s'était passé : inconsciemment et sous le coup des circonstances, et d'un grave danger, j'étais devenu un *lung gom pa*, un "voyageur en transe" qui, insensible aux obstacles et à la fatigue, avance vers le but qu'il s'est fixé, en touchant à peine le sol, ce qui pourrait donner à un observateur éloigné l'impression que le *lung gom pa* est porté par l'air (*lung*) et qu'il effleure à peine la surface de la terre.

« Un seul faux pas sur ces rochers aurait suffi à me casser ou à me tordre un pied. Mais je ne fis pas un seul faux pas. J'avançais avec la sûreté d'un somnambule et pourtant j'étais loin d'être endormi. Je ne sais pas combien de kilomètres j'ai parcourus sur ce terrain semé de blocs de rocher. Je sais seulement que je me trouvai enfin sur le col au-dessus des collines qui surplombaient la plaine marécageuse de magnésium et qu'à ce moment-là une étoile apparut dans la direction des chaînes neigeuses. Je la pris comme point de repère dans cette plaine unie qui s'étendait devant moi. Je n'osais pas dévier de cette direction et, toujours possédé par ce charme, je traversai tout ce marécage sans jamais m'y enfoncer. »

Toute cette magie de la marche tibétaine ne doit pas nous faire oublier que le Bouddha disait à un ascète, qui avait passé toute sa vie à apprendre à marcher sur l'eau, qu'il était plus simple de prendre un bac pour traverser une rivière…

Marcher dans le paysage himalayen, sans même aller jusqu'à pratiquer le *lung gom pa*, c'est déjà de la magie. L'espace et le temps n'existent plus. Comme le souligne A. Migot, ce paysage est unique au monde, et aucun autre n'était aussi favorable à cette floraison de vie spirituelle et mystique qui imprègne toute la vie quotidienne; du feu de bouse de yak séchée à la marche, l'impression de pureté et de dépouillement que l'on rencontre reste unique et transforme toutes les activités[2], comportements et schémas mentaux.

Le dépouillement de la nature tibétaine nous aide à faire le vide en nous. Y marcher, c'est marcher dans le vide du paysage — montagnes à l'infini qui remettent l'homme à sa place, transparence du ciel, déserts et espaces verts limités à quelques plantes, où le règne minéral, et son silence, prédomine.

C'était le paysage de la pureté originelle, nu, où l'homme n'avait encore rien dénaturé ni défiguré, du moins jusqu'à l'arrivée des troupes chinoises de part et d'autre. Paysage dépouillé où l'esprit se trouve spontanément libéré et peut connaître des visions intuitives de la réalité telle qu'elle est, que la marche favorise.

D'ailleurs, la plupart des paysans bouddhistes du Petit-Tibet, qui faisait partie de l'ancien royaume Zan Zun (Tibet occidental, englobant le Zanskar, le Ladakh, Spiti, Guge et le Lahoul, avant le morcellement du royaume au VIIe siècle), continuent de marcher en récitant des mantras ou en tournant leur moulin à prière comme pour chasser les démons du mental (les pensées qui distraient) et pour se concentrer sur leur marche.

C'est dans ce paysage que certaines marches conduisent à la paix et au silence qui nous entoure, parfois rompu par le murmure d'un ruisseau ou le chant du vent dans les dernières feuilles des rares saules ou peupliers de l'automne, ou le cri lointain des laboureurs, « Da-Di-Don ! Oh ! Oh ! », mélopée interminable issue d'un paysage dont l'homme fait encore partie.

Le pèlerinage était, au Tibet, presque une institution nationale, pour laquelle hommes et femmes quittaient pendant des mois et des années leur maison, sans autre destination que la visite des lieux saints, Marche magique autant que le *lung gom pa*, quand on sait les difficultés rencontrées dans ce pays froid, au relief accidenté, aux cols très hauts.

L'atmosphère surnaturelle dans laquelle tous les phénomènes et événements s'inscrivent — le froid, la faim, les tempêtes, les déserts, l'altitude, les avalanches, les précipices, les brigands, les ponts suspendus au-dessus du vide —, tout, dans ce pays, contribue à transformer le pèlerinage en une série d'initiations, ici plus qu'ailleurs.

Celui-ci, en plus du but pieux qui est d'effacer les résidus karmiques des vies antérieures par les énergies des lieux saints, afin que la nature de

Bouddha brille en l'être, a aussi un motif et une fonction évidents et immédiats : cette longue marche semée d'embûches purifie l'esprit au point de laisser s'exprimer cette nature de Bouddha.

Parmi les lieux saints de pèlerinage, les plus importants sont Lhassa, Bodh-Gaya en Inde (le lieu de l'illumination du Bouddha Gautama), ainsi que la montagne du Dokerla (frontière Tibet-Chine) et l'Amye Machen en Amdo.

Marco Pallis a dressé un portrait étonnant du pèlerin tibétain véritable qui, sans demeure, va de lieux sacrés en lieux sacrés avec l'esprit illuminé, ne possédant que quelques vêtements, une couverture, des provisions de route minimales (*tsampa* et thé), une théière et quelques livres. Il n'aspirait à aucune autre possession [3].

Marcher dans le paysage

L'effet que le paysage tibétain peut avoir sur le marcheur a évidemment été expérimenté dans d'autres lieux. Ainsi, Hugo von Hofmannsthal, dans de petits textes intitulés *Instants de Grèce* [4] — purs joyaux d'une poésie jamais égalée, à part dans la poésie Tang en Chine et le *haïku* au Japon —, a exprimé l'action du paysage sur l'homme qui marche.

L'attention du marcheur lui révèle sa véritable dimension, et celle des sentiers qui sont là pour leur propre plaisir. Les choses les plus insignifiantes dégagent un rythme qui semble issu de l'éternité. Pour lui, «l'heure, le lieu, l'air, font tout», et il ajoute : «Un jour, c'est chaque être vivant qui se révèle, un jour c'est chaque paysage, et il se livre alors sans réserve : mais à celui-là seul dont le cœur est ébranlé.»

Muso, un maître du zen japonais, parle d'une randonnée au bord d'un lac dont il percevait toute la sérénité, alors qu'un pêcheur qui y vivait ne percevait rien. Il ne suffit pas de marcher dans le paysage pour en percevoir la paix ni de suivre ses énergies, encore faut-il, comme le dit Hofmannsthal, avoir le «cœur ébranlé», c'est-à-dire mettre en déroute le mental qui obstrue les portes de la perception. Nettoyer et purifier notre esprit.

Si l'activité manuelle et la marche provoquent ce vide de l'esprit, encore faut-il le cultiver et s'en servir comme miroir et vide créateur, au lieu d'en avoir peur et de rechercher le rassurant bavardage futile, comme le font beaucoup de gens qui marchent ou certains pêcheurs comme celui dont parle Muso.

Alan Watts a fort bien dit que le paysage est un «état de nos neurones». En marchant, nous créons donc le paysage, puisque percevoir c'est créer une image à partir d'énergies qui changent sans cesse. Marcher, c'est dessiner le paysage. C'est peindre avec son souffle, avec son corps, avec ses neurones.

C'est arriver au point où le paysage parcouru, traversé en tout sens, n'est que nous-mêmes.

Marcher vraiment dans le paysage, ce serait comme le peindre à la façon du peintre chinois Shi Tao :

« [...] A présent que le Paysage est né de moi et moi du Paysage, celui-ci me charge de parler pour lui. J'ai cherché sans trêve à dessiner des cimes extraordinaires. L'esprit du Paysage et mon esprit se sont rencontrés et par là transformés, en sorte que le Paysage est bien en moi. »[5]

Marcher vraiment dans le paysage, enfin, c'est s'y fondre, un peu comme ce légendaire peintre chinois qui, dit-on, disparut dans ce qu'il venait de peindre sur un mur.

A présent, laissons-nous emporter par les propos du célèbre peintre-poète-musicien Wang Wei dans son *Shan-shui lun*[6] :

« Sous la pluie, on ne distingue ni ciel ni terre, ni est ni ouest. S'il souffle un vent non accompagné de pluie, le regard est surtout attiré par les branches d'arbres qui s'agitent. Mais, par temps de pluie sans vent, les arbres paraissent écrasés ; les passants portent leur chapeau de joncs et les pêcheurs leur manteau de paille. Après la pluie, les nuages s'estompent, faisant place à un ciel d'azur nimbé de légères brumes ; les montagnes redoublent d'éclats d'émeraude, tandis que le soleil, dardant mille rayons obliques, semble tout proche. A l'aube, les pics se détachent de la nuit ; dans le jour naissant où s'entremêlent encore un brouillard argenté et d'autres couleurs confuses, une lune vague décline. Au crépuscule, à l'horizon doré du couchant, quelques voiles glissent sur le fleuve ; les gens se hâtent de rentrer ; les maisons ont leurs portes entrebâillées.

« Au printemps, le paysage se voile de brumes et de fumées ; la couleur des rivières vire au bleu, celle des collines au vert. En été, de hauts arbres antiques cachent le ciel, la surface du lac est sans rides ; au cœur de la montagne, la cascade semble tomber des nuages, et, dans le pavillon solitaire, on sent la fraîcheur de l'eau. En automne, le ciel est couleur de jade ; touffue et secrète devient la forêt ; les oies sauvages survolent le fleuve, seuls quelques hérons s'attardent sur la berge. En hiver, la neige recouvre la terre ; un bûcheron marche, chargé de fagots ; là où l'eau basse rejoint le sable, un pêcheur fait accoster sa barque. »

Au final, certains traités chinois de peinture de paysage pourraient parfaitement, du point de vue de l'attention qu'ils développent, devenir des guides de la marche authentique.

Une telle marche réclame ce que Jacques Masui a appelé une « géographie sacrée » qui nous expliquerait pourquoi le fait de marcher dans « certaines prairies, certains vallons, certains rochers évoqués dans l'esprit [...], se porte d'un message dont nous

sentons bien les effets, mais que nous sommes inca-
pables d'exprimer et encore moins de définir[7] ».

Tout le paysage que nous parcourons coule en
nous. Et Jacques Masui cherchait le rapport entre
certains paysages et notre univers mental — surtout ceux qui permettent la concentration de tout
notre être à l'opposé de ceux qui nous en éloignent
et que nous fuyons.

S'il est bien vrai que tout paysage est le reflet du
divin, pourquoi cette discrimination ? Sans doute
cette géographie sacrée, que souhaitait Masui en
marchant dans les paysages qui lui procuraient une
saveur d'éternel présent, est-elle à rechercher dans
l'ancienne géomancie du paysage appelée en Chine
« Vent et Eau » (*Feng Shui*), et dans cette science
qu'est la géobiologie. Pour D. H. Lawrence, par
exemple, la topographie, la géologie et le climat
déterminent la flore et le tempérament de ses habitants. Amiel, lui, affirmait non sans raison que tous
nos états d'âme sont liés aux états du paysage.

Marcher vraiment dans le paysage, c'est bien,
comme le dit Lawrence Durell, « faire assez d'im-
mobilité à l'intérieur pour y être réceptif », arriver
à ce que le paysage fasse écho à la pensée[8]. On
retrouve ici l'idée que marcher c'est faire le vide en
nous pour que le paysage tout entier devienne
notre unique pensée et préoccupation. Idée
d'ailleurs très bien exprimée par L. Binyon : « En
sortant de lui-même pour pénétrer dans le monde
extra-humain, dans la vie des arbres, des fleurs, des

animaux, l'homme pourrait s'affranchir de son dévorant égoïsme, de cette hypertrophie du moi qui le diminue, concevoir sa véritable place dans l'univers et s'en trouver affermi et fortifié. »[9] La marche solitaire et attentive dans le paysage n'a pas d'autre but.

Pour Gary Snyder, poète californien vivant dans les bois et se rattachant au zen et aux traditions des Indiens d'Amérique, que les critiques classent dans la « *beat generation* », la marche est comme un exercice de yoga. Elle lui permet de mieux percevoir sa relation au monde. Au bout de trois jours de marche, il est libéré des relations d'espace-temps qu'imposent les véhicules à moteur. Il redécouvre une vraie relation entre son corps et la terre. C'est dans la perception de son corps, souffle et sang, qu'il se sent proche du cosmos.

Yves Bonnefoy, à propos de Rimbaud, a pu écrire que « le marcheur prend de court l'opacité du réel ». La marche serait donc bien un exercice spirituel, comme la respiration yogique ou le zazen, qui pourrait modifier la conscience, lui donner une autre perception du réel.

Chez Maurice Chappaz, écrivain suisse, on trouve cette idée que le marcheur authentique entre à chaque instant de la journée en relation avec tous les éléments qui existent, et qui travaillent aussi en lui, comme s'il était lui même une matière qui se prête au grand travail du monde. L'effort physique de la marche peut conduire l'homme à certains extrêmes où il ne connaît plus aucune dualité entre lui et un arbre ou un caillou. Marcher authentiquement, tout comme jeûner, c'est accéder à une acuité de nos perceptions telle que notre regard pénètre à l'intérieur des choses.

La marche peut bien procurer une participation mystique à l'univers, car elle est un acte cosmique qui met en branle la même énergie qui fait tourner la Terre autour du Soleil, la même énergie qui meut les étoiles et la Lune. Marcher, c'est voyager avec la Terre, accompagner le mouvement galactique.

La marche taoïste [10]

Marcher à la façon des taoïstes, c'est être réceptif au courant du tao qui traverse sans distinction les rochers, les arbres, les fleuves, les collines et le corps humain. Percevoir la vibration, le tao des choses, c'est, finalement, percevoir notre propre tao, et nous y accorder. L'homme qui harmonise son énergie vitale avec celle de l'univers serait un peu comme le nageur de Lie-tseu qui se laisse emporter par une cascade vertigineuse sans se noyer, parce qu'il suit le tao de l'eau.

Le taoïste se meut comme la bourrasque qui vire, comme la plume qui tourbillonne, comme le moule qui tourne. Peu lui importe que la route qu'il suit soit droite ou tordue, longue ou courte, étroite ou large — tout chemin est toujours le chemin du tao. Il marche pour aller s'ébattre à la source des choses.

« Chevaucher le vent » est une expression pour la randonnée extatique, le « vagabondage libre ». Le terme chinois « *Houei* » signifie exactement « courir çà et là », un mouvement qui n'avance pas en ligne droite, une marche où l'on flotte. Dans la marche taoïste, l'esprit libéré de toute entrave — ce qu'expriment les vêtements amples qui n'enserrent pas le corps — s'ébat joyeusement, tourne dans le vide comme le vent fou, comme la feuille qui tombe. Libre mouvement qui fait circuler l'énergie cosmique, le *Qi*, entre le corps et l'univers.

Marcher à la façon des taoïstes, c'est donc aller à l'opposé de la pensée linéaire — comme le souffle de la vie, comme un vent « *houei* » (qui va et qui vient), un vent circulaire, dansant, labyrinthique ; marcher à la façon des taoïstes, c'est un peu flotter comme un bout d'étoffe, zigzaguer comme un homme ivre, comme si un vent brusque emportait les pas.

Marchant ainsi, on doit passer inaperçu, se fondre dans le mouvement cosmique, dans la nature, sans laisser de traces, comme les oiseaux. On devient arbre en entrant dans un bois, eau en entrant dans la rivière, rocher en marchant sur les rochers. Ni les oiseaux ni les cerfs ne sont effarouchés par ce marcheur qui sait s'adapter, effacer ses traces et ses ornières, et ne se distingue plus. Il ne fait qu'un avec le ciel et la terre.

Il peut, s'il le veut, tournoyer dans le vide, « marcher sur les étoiles » (marche sidérale) et danser en marchant, traînant une jambe et marchant d'un seul pied dédoublé ; en « marchant sur les étoiles » il marche en lui-même, car l'univers est en lui ; l'homme n'est plus qu'un souffle qui se mêle à celui de l'univers.

Le marcheur taoïste est comme le nuage et va comme l'eau coule. Pao-p'ou-tseu (IVᵉ siècle) dit de lui qu'il entre et sort dans le « sans brèche » : « Il marche sur des tourbillons de feu sans être brûlé, franchit de sombres flots d'un pas léger, vole dans l'air pur, le vent pour attelage, les nuages pour char. »

Pour le taoïste, marcher c'est être dans un état où le temps n'existe plus, « vomir son intelligence » et traverser les obstacles sans qu'aucun vous heurte. Marcher comme une feuille morte tombée de l'arbre que le vent emporte, sans savoir si c'est le vent qui vous porte ou si vous portez le vent… Celui qui marche en réalisant l'harmonie s'identifie totalement avec les êtres et les choses ; il pénètre les éléments.

Hakuin, un maître zen japonais, a décrit de façon précise la marche de son maître, un ermite taoïste :

« Il portait des sandales de paille comme celles

dont sont généralement chaussés les jeunes chevaux, et il tenait un mince bâton. Cependant il marchait sur les rochers et les pierres inégales, sautant par-dessus les précipices comme le vent ondoyant sur une plaine [...] L'allure de ses pieds était ferme et douce comme celle d'un homme qui vole vers une retraite dans la montagne pour échapper au monde. »

Toute magique qu'elle puisse paraître, cette marche taoïste n'en est pas moins terre à terre, ainsi que l'exprime Tchouang-tseu : « Bien que les pieds de l'homme n'occupent qu'un petit coin de la terre, c'est par tout l'espace qu'il n'occupe pas que l'homme peut marcher sur la terre immense. »

En chinois, « *Siao yao* » signifie « aller et venir » ou « muser », et « *yeou* » signifie « se promener ». L'expression des taoïstes « *Siao yao yeou* » évoque les randonnées lointaines. C'est en parcourant ainsi les montagnes célèbres que Tseu-yang-tchen-jen rencontra un maître dans chacune d'entre elles et reçut d'eux des charmes ou des livres.

Le taoïste va dans les lieux sauvages et inhabités pour y chercher des énergies spirituelles ; c'est en marchant dans ces lieux qu'il s'imprègne de forces surnaturelles. De ses marches, il ramène des plantes magiques, des talismans et des écrits saints, le plus souvent inspirés par des lieux. Pour le peuple, un taoïste peut parcourir des milliers de lieux en un jour, ce qui rejoint le *lung gom pa* tibétain. Il existe

même des traités taoïstes sur les méthodes pour
« faire l'ascension des hautes montagnes ou franchir
des précipices et partir au loin sans fin », dus à Pao-
p'ou-tseu.

Îles et montagnes, demeures des Immortels, sont
les lieux privilégiés des marches taoïstes ; mais ces
excursions spirituelles sont inséparables du regard
intérieur qui mène aux confins de l'univers. Et
toute la symbolique du voyage intérieur, fort bien
exprimée par la « marche sidérale » évoquée plus
haut (le marcheur touche les lieux où se baigne le
soleil, trempe ses cheveux dans le lac du soleil
levant, se couche sur la montagne qu'il escalade…),
exprime fort bien cela. Marche physique et voyage
de l'âme se confondent donc ; Lao-tseu a même été
jusqu'à préconiser de connaître l'univers sans sortir de chez soi (il s'est pourtant lui-même, à la fin
de sa vie, mis sur la route de l'Occident — c'est-à-
dire vers le Tibet et l'Inde, peut-être…).

Pour le taoïste — qu'il soit peintre, poète ou
autre —, se promener dans la montagne, par
exemple, est donc en soi un acte de méditation qui
consiste à s'intégrer au rythme de l'univers.

Dans un récit taoïste, *Biographie de l'homme réalisé du Yang pourpre*, on voit un homme marcher
de longues années dans les montagnes et les grottes
à la recherche des dieux, mais c'est en fermant les
yeux, un jour, qu'il rencontra tout à la fois les montagnes, les grottes et les dieux, en lui-même. Ce qui

nous rappelle que, pour Tchouang-tseu, marcher bien c'est marcher sans but, sans être abusé par ce que l'on voit ; et Lao-tseu dit même que le but suprême de la marche est d'ignorer où l'on va et ce que l'on contemple.

La marche taoïste, c'est marcher sans attaches, sans amarres, et comme une barque vide ; comme le poète ermite chinois Han Shan, qui dérivait librement dans les bois, pour connaître les petits changements de chaque chose, qui constituent eux-mêmes le Grand Changement.

Marcher, dans l'optique taoïste, c'est participer aux mille transformations, accompagner les mille métamorphoses ; marcher, c'est changer avec le changement — c'est habiter le tao de l'univers, en suivre les vagues.

La marche dans le bouddhisme ch'an [11]

Pour le maître zen Yoka Daïshi, « marcher c'est aussi le zen ».

Un spécialiste du ch'an, Hu Shin, a affirmé que le ch'an chinois pratiquait une méditation qui consistait en de longs trajets pédestres d'un temple à un autre au contact de la nature.

Il est vrai que c'était une habitude chez les moines de pérégriner de monastère en monastère, au cours des saisons, à la recherche d'un enseignement approprié à leur état d'esprit.

Mais il est possible que cette forme d'errance soit aussi restée, en Chine, une manière d'empêcher l'esprit de se fixer quelque part. « Ne dites pas que seuls ceux qui n'ont pas réalisé leur moi doivent errer çà et là. Même ceux qui l'ont parfaitement réalisé continuent à errer », disait O Hou.

Houei-neng conseillait de n'avoir aucune résidence fixe, ni à l'intérieur ni à l'extérieur : « Chassez votre attachement, et votre marche ne connaîtra pas le moindre obstacle… »

Bodhidharma, le légendaire fondateur du bouddhisme ch'an en Chine, n'a-t-il pas été vu la dernière fois, pieds nus avec ses souliers à la main, nous dit la légende, retournant vers l'Inde ?

Le maître chinois Lin-tsi disait que le véritable miracle n'est pas de marcher dans le ciel ou sur l'eau, mais de marcher chaque jour sur terre…

4.

L'attention
ou la marche contemplative

Bashô ou le pèlerinage poétique

On prête à Bashô (1644-1694) la rédaction de
ces Règles du pèlerinage poétique parues en 1760
dans le *Goshichiki* :

« — Ne pas dormir deux nuits de suite dans la
même auberge ;

— ne pas porter d'armes ;

— ni trop ni trop peu de vêtements ;

— manger de la nourriture simple ;

— ne pas montrer ses poèmes, si on ne vous le
demande pas ; si on vous le demande, ne jamais
refuser ;

— ne pas monter à cheval, mais s'appuyer sur
son bâton ;

— ne pas boire de vin ;

— en dehors de la poésie, ne pas parler de choses et d'autres quand une conversation de ce genre s'installe, faire un somme et se divertir ainsi ;

— ne pas avoir de relations intimes avec des poètes femmes.

Le devoir des hommes et des femmes est d'avoir des enfants.

— La dissipation empêche la richesse et l'unité de l'esprit.

La voie du *haïku* est celle de la concentration, non de la dissipation. Regarder profondément en soi-même.

— ne pas prendre ce qui appartient aux autres ; tout a déjà un propriétaire ;

— ne pas enseigner avant de s'être soi-même perfectionné ;

— ceux qui marchent dans la voie du *haïku* doivent s'associer avec ceux qui marchent dans la même voie. » [1]

Ces règles du poète qui marche sont uniques ; on aurait beau chercher, on ne trouverait aucun équivalent de cette marche poétique en Occident. La vie de Bashô, même si parfois il boit du vin, parle « de choses et d'autres » et monte quelquefois à cheval (qui oserait lui reprocher tout cela ? l'important est l'esprit dans lequel il vivait), est la parfaite illustration de ces règles.

Nul mieux que lui n'a prôné la marche sans but

à l'écoute des paysages, comme un art inspiré de l'écriture du *haïku*. Comme D. T. Suzuki le dit fort bien, «il fut un amant passionné de la nature, une sorte de troubadour de la nature. Il passa sa vie à voyager d'un bout du Japon à l'autre. Il est heureux qu'il n'y ait pas eu de chemin de fer en ce temps-là. Les commodités modernes ne semblent pas convenir très bien à la poésie» — commodités qui, par ailleurs, ne sont guère propices à la portée spirituelle du voyage.

Avec pour tout bagage un chapeau de bambou, un bâton et une besace de coton, il errait sans fin et jouissait de tout cet univers qui se présentait à ses sens.

Pour Bashô, voyager à pied était un art de vivre dans lequel la vie était elle-même œuvre d'art — et le *haïku* serait bien l'expression culminante de cet état…

A la fin de sa vie, cette errance sans but, sans attaches et sans possessions, devint pour lui un moyen de vivre dans le dépouillement du corps et de l'esprit, qui lui procurait une paix de l'âme qu'il ne trouvait dans aucune autre activité. En quelque sorte, selon l'expression d'Alan Watts, il vivait dans une «bienheureuse insécurité», tel un lambeau de nuage cédant à l'invite du vent, marchant en compagnie des saisons.

Il pouvait aussi bien marcher sous la pluie, sous le soleil ou dans la neige, oublier son chapeau quand il pleuvait — ce n'était pas grave, l'important était d'être dehors et de pouvoir aller vers les fleurs, la rosée, les insectes ou dormir dans le vent avec une pierre ou un galet de rivière pour appuie-tête. Dans le paysage, il cherche à percevoir le principe créateur. Faire du voyage son gîte, marcher, c'était sa pratique du bouddhisme — n'emporter que son corps, quelques vêtements, des pinceaux et de l'encre. Marchant sans feu ni lieu, vagabond, si on lui refuse le gîte et le repas qu'il mendie le soir, relégué dans une hutte pleine de puces, il en fait un poème.

Comme il le dit, il préfère la marche au palanquin, son repas frugal à la viande. Les mains vides, il va, une hotte de paille sur le dos contenant son manteau de pluie et son chapeau ; n'a-t-il pas écrit *Le carnet de la hotte* ? Le *haïku* et la marche sont intimement liés, car pour lui le *haïku* était dans le cœur et non dans la lettre ; c'est surtout une façon de vivre lentement en cheminant, au milieu des mille choses qui ne sont ni petites ni grandes, mais qui sont, simplement, la réalité…

La marche, pour le poète, c'est la vie même ; Bashô ne disait-il pas : « Un voyageur, que mon nom soit ainsi connu » ?

Plus magique que le pèlerinage poétique, on trouve au Japon le *Shûgendo*, une forme d'ascétisme venue de la Chine et du taoïsme. Il se pratique en escaladant les montagnes afin d'obtenir un pouvoir magique. D'après un texte du XIIIᵉ siècle, le *Kokonchomonshû*, ceux qui le pratiquaient quittaient leur maison à l'âge de dix-sept ans pour gravir pendant dix-huit ans les pics les plus inaccessibles et marcher dans les forêts les plus sauvages à la recherche de lieux imprégnés d'énergies.

Au fond, le sentiment de solitude que procure le voyage conduit l'être humain à prendre conscience que la vie est un trajet d'un lieu inconnu à un autre lieu inconnu, qui est peut-être le même, de la naissance à la mort.

Les errants de l'Inde

Il est une marche particulière qui demande que l'on se dépouille des possessions inutiles. Outre les motivations spirituelles, les raisons pratiques à cela sont évidentes : celui qui a fait vœu d'errer toute sa vie à pied a intérêt d'être chargé le moins possible...

Le pays où cette pratique de la marche a été portée à son plus haut point, où l'errance comme exercice spirituel culmine, c'est l'Inde. Et cela est bien exprimé par le quatrième point de la doctrine des Quatre Âges de la vie humaine : au premier âge, on est étudiant auprès du maître ; au second, on est maître de maison ; au troisième, on fait retraite dans la forêt. Le quatrième âge, celui qui nous intéresse, est celui du saint mendiant errant (*bhiksu*), celui qui ne nourrit aucune pensée sur l'avenir et qui regarde avec indifférence le présent ;

voyageur sans maison, il vit s'identifiant au Soi éternel et ne considère rien d'autre, comme l'exprime si bien Çankara.

Mais peu à peu, ce dernier des quatre stades (*âmçrama*) de la vie humaine est devenu l'apanage d'un type d'homme, hors caste, qui choisissait cette vie errante sans passer par les trois premiers stades. Le *sadhu*, le *sanynasin*, le pèlerin mendiant sans demeure (*aniketana*), a toujours été comparé au canard sauvage ou au cygne — migrant avec les nuages de pluie vers l'Himalaya, puis revenant ensuite vers le sud, se sentant chez lui sur chaque lac ou chaque étang et flaque d'eau[2].

Ce voyageur marche de lieu en lieu, selon les circonstances et l'inspiration du moment ; il s'arrête au pied d'un arbre, dans une grotte, au bord d'un fleuve, ou bien dans un bâtiment abandonné, mais jamais dans une maison bien aménagée. On ne lui demande pas : « Où vivez-vous ? », mais : « Où vous asseyez-vous ? »[3] Selon les Écritures, il ne peut s'arrêter que durant les quatre mois de la mousson, mais juste dans une grotte ou une hutte pour s'abriter des pluies.

A part cette courte interruption de son errance, il ne s'inquiète nullement des changements de temps ; il va et vient, libre et sans soucis, couchant n'importe où, vêtu de quelques vieux sacs, mangeant ce qui se présente — des herbes et des fruits sauvages.

Le seul lieu qu'il cherche à atteindre est au-delà

de tous les lieux, car il n'est limité à aucun mais les comprend tous. Les Upanishad disent qu'en toutes choses il faut suivre l'*âtman* à la trace, et rien d'autre. L'homme de la sainte errance (*parivrâja*) n'a pas de lieu particulier : il est partout chez lui puisque l'*âtman* est partout. L'espace est sa demeure, la terre est son lit.

Ses seuls biens sont le morceau d'étoffe ou l'écharpe de coton qui est son seul vêtement, le bâton, le pot à eau en bronze qui sert aussi à la nourriture mendiée ; cette dernière, ainsi que les abris situés aux abords de chaque village où le *sadhu* peut s'abriter, sont tout ce que la société donne à ces errants qui se sont mis en marge.

Chez nous, en Europe occidentale, quand l'écrivain suisse Maurice Chappaz[4] nous dit que «les hommes mûrs libérés de devoirs (à moins de se considérer comme des forçats libérés de la vie) devraient, au moins par jeu, devenir des vagabonds dans leur propre pays», ne rejoint-il pas cette idée hindoue des quatre âges de la vie dont le quatrième devrait être consacré à la sainte errance ?

Pèlerinage

En Inde, partir en pèlerinage, c'est une suite d'épreuves censées purifier l'esprit et le nettoyer de ses attachements. C'est en premier lieu laisser sa maison et ses biens, vivre sans se préoccuper du temps et affronter les dangers de la route. On ne peut faire mieux que citer un passage du *Mahâbhârata* qui montre bien que l'on se prépare au pèlerinage comme à un exercice spirituel (*tîrta* signifie « pèlerinage », littéralement « gué » ou « passage », « moyen de libération » ; le pèlerinage est donc bien une technique de libération) :

> « Celui dont les mains et les pieds, dont l'esprit, le savoir, l'ascèse et l'amour-propre sont parfaitement domptés, celui-là gagne le fruit du *tîrta*. Celui qui n'accepte plus les dons, qui est satisfait, maîtrisé, purifié, et libéré de son orgueil, celui-là gagne le fruit du *tîrta*. Celui qui est sans tâche, qui s'abstient de tout travail, qui mange peu, celui dont les sens sont domptés, qui est lavé de toute souillure, celui-là gagne le fruit du *tîrta*. Celui qui est sans haine, qui s'adonne à la vérité, qui est ferme dans ses résolutions, qui considère toutes les créatures comme lui-même, celui-là gagne le fruit du *tîrta*... »

Pour se déplacer de sa maison au lieu de pèlerinage, les règles sont rigoureuses, seule la marche à pied est indiquée aux pèlerins ; ainsi que le souligne le *Tîrta cintamani* : « Il a été dit : se faire tirer par des vaches, c'est être coupable du meurtre de la vache ; se faire tirer par un cheval, c'est n'obtenir aucun fruit ; se faire porter par des hommes, c'est n'obtenir que la moitié du fruit, et aller à pied, c'est obtenir un fruit quadruple ».

Mais, n'en suivant pas moins à la lettre ces préceptes anciens qui ne parlent pas des moyens de locomotion modernes à moteur, les pèlerins de notre époque se déplacent en car et en train… Il est loin, le temps où le roi Ashoka avait fait planter de borne en borne des arbres, et creuser des puits pour le repos des pèlerins…

Portrait d'un pèlerin

Toukâram, poète tamoul, était avant tout un pèlerin. Pèlerin [5] qui ne cherche pas à distraire son esprit, sa marche se trouvait tout entière tournée vers l'hôte divin qu'il s'en allait visiter — soit seul soit avec des compagnons.

Sur le chemin, Toukâram chantait au rythme de ses pas. Son œuvre, *Psaumes du pèlerin*, a pour nom en indien « *abhanga* » ou « chant sans brisure » ; c'est une sorte de chant qui s'harmonise avec le rythme lent de la marche et de la pensée du pèlerin. Ce qui pourrait apparaître comme une marche monotone ne fait, en vérité, qu'éprouver le désir profond du divin que l'on va visiter.

Chaque année, Toukâram partait en pèlerinage à la ville sainte de Pandharpour. Ceux qui l'accompagnaient formèrent bientôt un groupe qui prit le nom de « pèlerins », et le pèlerinage chanté devint leur principale initiation.

La route du pèlerinage est une ascèse accompagnée des chants qu'elle inspire, parcourue au rythme de la foule des pèlerins, dans la poussière et sous le soleil ou bien dans la boue des orages de la mousson. Traverser des rivières en crue et rester mouillé toute la nuit dans les temples où l'on dort ou les cours des maisons qui vous offrent asile sont autant d'épreuves qui purifient l'âme. Pour ajouter aux fatigues de cette marche, quelques-uns d'entre ces pèlerins avançaient même en se roulant par terre.

Une telle marche rejoint le jeûne dans sa tentative de mettre l'esprit dans un état propice aux expériences mystiques (la viande, notamment est un aliment interdit au pèlerin). Dans les temples, on lui offre un bol de lait caillé, nourriture du berger, en signe de bonne route.

De retour du pèlerinage, l'esprit est pacifié. Toukâram peut dire : « Vous avez posé vos pieds sur les pensées. »

Car en Inde, les pieds ne sont pas méprisés, ils sont même devenus le symbole de Vishnou. Ils sont une partie noble, et non pas ingrate comme chez nous, de l'homme. Par exemple, quand on entre dans un temple ou une maison, il faut se déchausser.

Les pieds des pèlerins sont sacrés puisqu'ils les mènent aux lieux saints, et touchent la poussière des routes. C'est grâce aux pieds que le pèlerinage donne accès à Dieu. «Se mettre sous les pieds des saints», comme le dit Toukâram, c'est s'oublier, se libérer de tout désir. Le contact avec les pieds d'un saint pèlerin donne la paix. Les pieds de Toukâram ne quittent jamais la terre qu'il connaît, comme un paysan, et la terre étant sacrée, on accomplit un acte divin en la parcourant.

Les moines du mont Athos

On retrouve cette tradition des moines errants aux confins de l'Asie Mineure, au mont Athos en Grèce[6]. Là, certains moines dit «gyrovagues», tout comme les *sadhus* indiens, n'ont point d'abri fixe où dormir ; à la nuit tombante, ils se posent sur les escaliers d'un monastère, au bord d'une source ou dans un fossé. Ils se nourrissent de ce qu'ils trouvent dans la nature ou de ce que leur donnent les moines des monastères. Ils ne se soumettent à aucune règle monastique, mais suivent les événements de leur errance, un peu comme un nuage que le vent emporte où il veut. Cette errance est leur ascèse, leur exercice de méditation.

Ils ne prient pas dans les églises mais dans les forêts et les cavernes, où ils ne restent jamais, d'ailleurs, plus d'un jour. Ils marchent le long des chemins ou coupent à travers les bois et les ravins. Ils marchent poussés par l'Esprit.

Ils ne sortent jamais de la presqu'île du mont Athos, qu'ils parcourent en tous sens jusqu'à leur mort, au hasard des voies et des limites des monastères. Chaque matin, ils reprennent la route pour un nouveau lieu, chaque jour est une vie nouvelle à laquelle ils renaissent. Ils ne sont jamais liés ni attachés à un lieu ou à une amitié, ils sont ouverts à chaque jour, à chaque chose et à chaque être.

Ils marchent toute leur vie sans aucun but, en un éternel pèlerinage dans le paysage de l'ici et maintenant, devenu le paysage de leur esprit et qu'ils retrouvent partout en ce lieu.

A l'abri de leur sainte montagne, ces moines existent encore en cette fin d'un XXe siècle si éloigné d'eux et de leurs préoccupations.

De la sandale et du bâton selon Ségalen[7]

Ségalen marchait pour ces instants où « rien n'existe en ce moment que ce moment lui-même ». De ses pérégrinations en Chine et vers le plateau tibétain, il avait tiré toute une pratique de la marche, où le marcheur va son train sans interroger à chaque pas sa semelle.

Le bâton divise gaiement le pas ; il doit être haut, léger et nerveux, non pas trop souple comme un arc, mais sec et rigide. Trop lourd, il embarrasse au lieu d'aider ; en revanche, il ne doit pas être trop léger non plus car il risquerait de s'effriter. Le bras doit pouvoir s'y accrocher et quand on monte, vous précéder d'un degré. Il monte plus vite que le corps qui le suit et le propulse pourtant. Le bâton est un bâton de bois, de bois et rien de plus. Mais il ne doit surtout pas être de bois fibreux dont les échardes pourraient blesser la main qui l'empoigne.

La sandale, c'est la cheville faite, souple et légère. Elle est pour la plante du pied et le poids du corps l'aide que le bâton est à la paume et au mouvement des reins. La sandale ne sépare pas du sol ; elle est un raccourci de la chaussure, un intermédiaire entre le sol et le pied. Elle est moins ascétique que le bâton et plus sensuelle que lui : c'est par elle que le pied peut connaître le terrain sans souffrance, c'est grâce à elle que l'on sait si l'on va s'enfoncer ou si les pierres sont sur le point de rouler. A l'opposé de toute autre chaussure, le pied s'y épanouit et trouve sa place sans avoir à se comprimer.

Quant au cordon de ses sandales, il est à manipuler avec une extrême attention — ne pas trop le serrer pour ne pas blesser le pied, mais assez pour ne pas les perdre.

Le modèle que portait Ségalen était la sandale de paille chinoise épaisse et bien feutrée — de ces sandales qui s'usent en deux ou trois étapes et que chaussaient les porteurs de thé en briques se dirigeant vers le Tibet, et dont les brins déchirés marquaient toute la piste.

Stevenson ou l'esthétique de la marche[8]

Pour Stevenson, il faut marcher pour marcher, et non pour aller quelque part ; et surtout pour rencontrer certains états d'âme vivifiants, proches de l'extase.

Pour apprécier une randonnée à pied, il est bien d'être seul, afin d'être libre de s'arrêter ou de suivre tel ou tel chemin au hasard de l'esprit. Marcher à son rythme afin d'être ouvert à toutes les impressions et d'être disponible au paysage traversé et dont on fait partie à chaque instant, un peu à la façon du cours d'eau qui, lui aussi, avance. En outre, ce n'est que dans le silence sans mots que procure la marche solitaire que le randonneur peut s'abandonner à cette ivresse des pas qui commence par une sorte d'éblouissement et de torpeur de l'esprit, pour se terminer par une paix qui dépasse la raison.

Mais il ne faut surtout pas courir, ne pas bondir ; cela accélère la respiration, secoue le cerveau au point de rompre la cadence. Une marche irrégulière distrait et agace l'esprit. C'est seulement lorsque l'esprit sort de la confusion, lorsqu'il est neutralisé, presque en sommeil — et cela grâce au grand air et au rythme de l'effort —, qu'il peut atteindre ces états d'âme et cette béatitude que cherche le vrai marcheur.

Celui qui marche ainsi est incapable de dire s'il

préfère l'espoir du matin quand il met sac au dos ou la plénitude du soir, quand il le met à terre.

Il est entièrement concentré sur lui-même et sur le pays qu'il traverse, s'ébrouant parmi les herbes, guettant les libellules au bord d'un canal qu'il longe, ou se penchant par-dessus les clôtures pour contempler les vaches… s'il est poète, on pourrait dire de lui qu'il est tout à son métier à tisser — entrelaçant le paysage pour le traduire en mots.

Entre le départ et l'arrivée, à mesure que la journée se déroule, le voyageur s'incorpore au paysage ; il a l'impression de traverser un rêve joyeux. Et les plaisirs purement sensuels le grisent : les délices causés par chaque inhalation de l'air, chaque durcissement des muscles en bas des cuisses ; le plaisir de poser le sac à terre, au sommet d'une colline ou à quelque autre endroit où les chemins creux se rejoignent sous les arbres, entouré d'oiseaux, chauffé par le soleil… Et si vous n'êtes pas heureux de ce rien, c'est que vous n'avez pas bonne conscience. Marcher, c'est jeter montre et pendule, être hors du temps, vivre pour toujours. Et une journée semblerait ainsi infinie si elle n'était mesurée par votre faim.

Celui qui marche pour marcher n'a plus ni ambition ni souci de gagner de l'argent, d'amasser des biens et de se fonder une réputation ; il est absorbé par le seul effort de marcher et par rien d'autre. Celui que la marche enivre est à ce qu'il

fait, il n'a pas d'autre vie que celle-là, et s'y abandonne entièrement au risque de « perdre sa raison »
pour l'émerveillement — qui est au fond sa véritable nature. Il est enfin « au monde » et il y reste,
sans désir d'une autre vie.

Et pourtant, la joie de marcher sans but dans
l'herbe et dans les landes désertes paraît si souvent
inutile aux yeux du sédentaire...

H. D. Thoreau ou l'art de marcher solitaire[9]

Trouver le chemin

Thoreau aurait aimé marcher sur une de ces
vieilles routes sinueuses, arides, désertes qui
mènent loin des villes, qui conduisent hors du
globe, par-delà la croûte terrestre. Une sente où
l'on oublie le pays où l'on se trouve, où personne
ne se plaint que vous traversez ses terres, où personne ne construit, où l'on peut avancer, tel un
pèlerin, sans aller nulle part. Une de ces routes sur
lesquelles on rencontre peu de voyageurs, où l'esprit est libre, où les murs et les barrières n'arrêtent
personne, où l'on a la tête dans le ciel et les pieds
sur terre.

De ces chemins qui permettent de voir à l'avance
le peu probable voyageur que l'on va croiser, sans
craindre que la solitude soit rompue. Marcher dans
un pays dont le sol n'est pas assez fertile pour attirer les hommes, avec des barrières faites de racines

et de souches qui ne demandent pas de soins, où personne ne trouve de motifs pour s'arrêter, où tout le monde passe son chemin sans interrompre votre propre marche.

Alors, peu importe que vous marchiez dans un sens ou un autre, que vous alliez ou reveniez, que ce soit le matin ou le soir, midi ou minuit, la terre vaut si peu qu'elle est à tous et vous pouvez la fouler en rêvant, sans risque d'encombrer, car il n'y a rien pour mesurer le chemin ; et vous pouvez marcher très lentement, sans aucune relation fausse avec les hommes, sans avoir à se mêler ou à causer avec eux. Une sente qui peut vous conduire aux extrémités de la terre. Bashô, lui, parlait de la « sente étroite du bout du monde »…

Marcher de cette manière, c'est atteindre la terre promise à chaque pas, c'est changer sa perception de la terre ; c'est, selon la phrase de T. S. Eliot, « parvenir où nous nous tenons, et avoir l'impression de connaître cet endroit pour la première fois ».

Parcourir une trentaine de mètres, comme si l'air qui souffle vous portait, que votre vie venait à vous, telle est la marche selon Thoreau : aller au-devant de sa vie et la trouver. Ne suivre qu'un chemin sans murs qui le bornent, un chemin plein de brèches, un chemin qui n'est rien que la vie, que personne n'a jamais réparé et qui n'a jamais eu besoin de l'être. Le flâneur n'use pas les routes, même quand il voyage.

Il lui fallait marcher le long d'un chemin où l'on voyait voler les oies sauvages (et non entendre siffler les oies de basse-cour), où l'oiseau gobemouche et l'hirondelle gazouillaient, où le passereau chantait sur les barrières, où le petit papillon rouge se reposait sur le mille-feuilles et où nul enfant n'était là pour le capturer dans son chapeau. Un chemin, enfin, pour marcher d'un pas allègre, d'un pas lent, d'un pas lourd, sans aucun compagnon, si ce n'est le paysan et sa vache broutant le long de la route. Une route dont le poteau indicateur est renversé avec intention, montrant le firmament et les localités du plein ciel.

Marcher, une philosophie du dehors

Celui qui marche est plus un membre de la nature que de la société. On rencontre peu de gens qui savent marcher — Thoreau en avait rencontré tout juste deux! Pour lui, en effet, le génie de la marche rejoint l'étymologie du mot « ballade » qui, en anglais, se dit « *sauntering* » et vient du mot « sainterreux », désignant à l'origine les traînards du Moyen Âge qui vagabondaient en direction de la Terre sainte, mais sans doute plus pour le plaisir d'errer sur la planète. Une autre origine du mot évoque, elle, la désignation de « sans terre » pour ceux qui marchaient au hasard, sans feu ni lieu, mais qui étaient partout chez eux, vagabonds planétaires qui de tout temps ont existé. Celui qui est partout chez lui peut parcourir toute la terre sans bouger, en quelque sorte, tandis que celui qui marche vers un but, comme la rivière sinueuse qui cherche sans cesse le plus court chemin vers la mer, finalement bouge sans rôder sur la terre.

Mais Thoreau préfère le premier sens : marcher, c'est être en route vers la terre sainte qui est partout autour de nous dans la nature non dénaturée. Devenir un tel marcheur, on ne le peut que par un décret du ciel qui vous fait naître et appartenir à la famille des marcheurs, «*ambulator nascitur*», plus qu'à une autre.

Impossible de conserver sa santé et sa vigueur si on ne marche pas quatre heures et plus, à se balader dans les bois, les monts et les plaines, sans aucune attache mondaine.

Voilà l'exercice spirituel de Thoreau, voilà les fondements de sa «philosophie du dehors». Comment les boutiquiers, les artisans, les ouvriers et les femmes à la maison peuvent rester tout le jour enfermés est pour lui un mystère. Marcher est la seule réplique possible : fuir ce qui n'est pas la vie, et marcher pour vivre dans ce vide dans lequel, sans désirs et sans pensées, on atteint le non-humain, c'est-à-dire le non-mental, la merveilleuse réalité que cherchent tous les mystiques sous les vieux mots surannés de Dieu ou autre.

La première règle est de marcher comme un chameau, puisqu'il paraît que c'est le seul animal qui rumine en marchant !

Vivre dehors dans le soleil et le vent peut créer

un tempérament d'une certaine rudesse, à l'inverse de la vie renfermée qui engendre une mollesse et une minceur de peau. Même celui qui dort au soleil dans l'herbe aura inévitablement une peau plus épaisse, comme les cales que donne le travail manuel. L'air fibre donne une callosité à l'esprit qui est la vision claire.

Le tout est de combiner la peau dure du dehors et la peau mince du dedans en juste proportion. C'est tout l'art de vivre de celui qui marche. On n'a qu'à suivre pour cela l'alternance du jour et de la nuit, de l'été et de l'hiver, de l'expérience et des mots. La marche introduira au moins de l'air et du soleil dans notre esprit.

La seconde règle, c'est de marcher vers les champs et les bois, et non dans les jardins et les cours. Mais si vous allez dans les bois avec l'esprit ailleurs, n'y allez pas.

La troisième règle, c'est que l'on peut voyager, nomadiser, de différences en différences, sans aller très loin. Les différences de la diversité des choses sont synonymes de distance. Il y a une harmonie entre les ressources du paysage que vous explorez en un après-midi autour de chez vous et les soixante-dix ans de la vie humaine. Et encore, toute une vie humaine ne suffirait pas à les épuiser. Il suffirait que l'homme dépasse ses clôtures et apprenne à respecter les forêts.

La quatrième règle, c'est de marcher pour fuir et oublier la politique et le commerce des hommes.

L'Eglise, l'Etat, l'école, le trafic, l'industrie et le commerce ne sont plus que des points pour celui qui gagne les espaces où les hommes ne vont pas.

La cinquième règle, c'est de laisser au magnétisme de la nature le soin de guider nos pas et de nous indiquer les chemins. Marcher sans but, c'est suivre la nature.

Marcher vraiment à travers le réel, marcher en étant vraiment au monde, voilà le seul but.

Marcher, c'est s'offrir aux climats et aux énergies du lieu, qui nourrissent et inspirent votre esprit. La perfection du corps et de l'esprit est là. Que celui qui marche puisse prendre sur lui l'odeur et le parfum des arbres et des fleurs, comme une antilope ou un cerf. Mais hélas, les vêtements de l'homme civilisé ne sentent pas la prairie et la rivière, mais la poussière de la Bourse et la fumée des usines...

Chaque expérience peut être un voyage, et celui qui le perçoit ainsi, comme Thoreau, parle alors le langage du nomade, un nomadisme de la diversité. Marcher ainsi, c'est être au présent de notre nature originelle qui est aussi partout répandue dans la nature, débarrassé du fatras social et mental.

C'est ainsi que celui qui marche vraiment se balade en quête de la Terre sainte, jusqu'au jour où le soleil de l'illumination aura fait le tour dans son esprit et où il atteindra la terre sainte où il a toujours été.

5.

Petite anthologie
de la marche

La vérité se trouve dans vos talons.

Tchouang-tseu

Le promeneur solitaire [1]
Jean-Jacques Rousseau

Des dispositions bien différentes ont fait pour
moi de cette étude une espèce de passion qui remplit le vide de toutes celles que je n'ai plus. Je gra-
vis les rochers, les montagnes, je m'enfonce dans
les vallons, dans les bois, pour me dérober autant
que possible au souvenir des hommes et aux
atteintes des méchants. Il me semble que sous les
ombrages d'une forêt je suis oublié, libre et paisible
comme si je n'avais plus d'ennemis ou que le
feuillage des bois dût me garantir de leurs atteintes
comme il les éloigne de mon souvenir et je m'ima-
gine dans ma bêtise qu'en ne pensant point à eux

ils ne penseront point à moi. Je trouve une si grande douceur dans cette illusion que je m'y livrerais tout entier si ma situation, ma faiblesse et mes besoins me le permettaient. Plus la solitude où je vis alors est profonde, plus il faut que quelque objet en remplisse le vide, et ceux que mon imagination me refuse ou que ma mémoire repousse sont suppléés par les productions spontanées que la terre, non forcée par les hommes, offre à mes yeux de toutes parts. Le plaisir d'aller dans un désert chercher de nouvelles plantes couvre celui d'échapper à mes persécuteurs, et parvenu dans des lieux où je ne vois nulles traces d'hommes, je respire plus à mon aise comme dans un asile où leur haine ne me poursuit plus.

[...] Les plantes semblent avoir été semées avec profusion sur la terre comme les étoiles dans le ciel, pour inviter l'homme par l'attrait du plaisir et de la curiosité à l'étude de la nature ; mais les astres sont placés loin de nous ; il faut des connaissances préliminaires, des instruments, des machines, de bien longues échelles pour les atteindre et les rapprocher à notre portée. Les plantes y sont naturellement. Elles naissent sous nos pieds, et dans nos mains pour ainsi dire, et si la petitesse de leurs parties essentielles les dérobe quelquefois à la simple vue, les instruments qui les y rendent sont d'un beaucoup plus facile usage que ceux de l'astronomie. La botanique est l'étude d'un oisif et paresseux solitaire : une pointe et une loupe sont tout l'appareil dont il a besoin pour les observer. Il se promène, il erre librement d'un objet à l'autre, il fait la revue de chaque fleur avec intérêt et curiosité, et sitôt qu'il commence à saisir les lois de leur structure il goûte à les observer un plaisir sans peine aussi vif que s'il lui en coûtait beaucoup.

Par les champs et par les grèves[2]
Gustave Flaubert

Donc nous partîmes en avant, au-delà, sans nous soucier de la marée qui montait, ni s'il y aurait plus tard un passage pour regagner la terre. Nous voulions jusqu'au bout abuser de notre plaisir et le savourer sans rien perdre. Plus légers que le matin, nous sautions, nous courions sans fatigue, sans obstacle, une verve du corps nous emportait malgré nous et nous éprouvions dans les muscles des espèces de tressaillements d'une volupté robuste et singulière. Nous secouions nos têtes au vent, et nous avions du plaisir à toucher les herbes avec nos mains. Aspirant l'odeur des flots, nous humions, nous évoquions à nous tout ce qu'il y avait de couleurs, de rayons, de murmures : le dessin des varechs, la douceur des grains de sable, la dureté du roc qui sonnait sous nos pieds, les altitudes de la falaise, la frange des vagues, les découpures du rivages, la voix de l'horizon ; et puis c'était la brise qui passait, comme d'invisibles baisers qui nous coulaient sur la figure, c'était le ciel où il y avait des nuages allant vite, roulant une poudre d'or, la lune qui se levait, les étoiles qui se montraient. Nous nous roulions l'esprit dans la profusion de ces splendeurs, nous en repaissions nos yeux ; nous en écartions les narines, nous en ouvrions les oreilles ; quelque chose de la vie des éléments émanant d'eux-mêmes, sous l'attraction de nos regards, arrivait jusqu'à nous, s'y assimilant, faisait que nous les comprenions dans un rapport moins éloigné que nous les sentions plus avant, grâce à cette union plus complexe. A force de nous en pénétrer, d'y entrer, nous devenions nature aussi, nous sentions qu'elle gagnait sur nous et nous en avions une joie démesurée ; nous aurions voulu nous y perdre, être pris par elle ou l'emporter en nous. Ainsi que dans les transports de l'amour, on souhaite plus de mains pour palper, plus de lèvres pour baiser, plus d'yeux pour voir, plus d'âme pour aimer, nous étalant sur la nature dans un ébattement plein de délire et de joies, nous regrettions que nos yeux ne puissent aller jusqu'au sein des rochers, jusqu'au fond des mers, jusqu'au bout du ciel, pour voir comment poussent les pierres, se font les flots, s'allument les étoiles ; que nos oreilles ne pussent entendre graviter dans la terre la formation du granit, la sève pousser dans les plantes, les coraux rouler dans les solitudes de l'océan et, dans la sympathie de cette effusion contemplative, nous eussions voulu que notre âme, s'irradiant partout, allât vivre dans toute cette vie pour revêtir toutes ses formes, durer comme elles, et se variant toujours, toujours pousser au soleil de l'éternité ses métamorphoses.

Marcher dans la forêt[3]
Jean-Loup Trassard

Par les griffes je m'accroche au sol irradié de racines, à toutes les écorces pour assurer ma course, une ascension rapide, la chute entre les branches que je mords. Couvert par l'avalanche de feuilles jaunes dont je traverse, ivre, les tournoiements épais et lents, je creuse pour humer l'odeur aux endroits sans neige, je touche à ses ruisseaux de sève le printemps, puis les coulures de résine tiède. La pluie pénètre, de feuilles en feuilles par glissement. Mais les longues pluies qui effacent les chemins et changent en bourbiers les labours ici ne peuvent s'arrêter, elles traversent le réseau des racines. Sur les pentes auxquelles des arbres se sont arrachés les cavités restent toujours sèches. Plus loin encore il y a même des profondeurs protégées par tant de feuilles étagées au-dessus que les gouttes n'y atteignent pas. Des mares infimes, venues de sources, accueillent en secret les langues de la nuit sous les plantes refermées. Lorsque dépérissent les basses branches, le ciel intérieur monte jusqu'à l'envers des feuilles au faîte des grands arbres, mais en même temps le sol se hausse, la forêt se remplit du bas. Les branches brisées, des arbres entiers y sont recouverts sur ma tête par des lianes. De leurs souches terreuses d'autres arbres s'élèvent et, niveau incertain, le sol plus qu'une surface devient une épaisseur. Je descends dans les dépressions, je cours sur des lieues sans quitter le centre des bois, orienté par l'odeur des essences qui dominent. J'entre dans la fraîcheur moisie des troncs creux, je monte. Certains ont des fenêtres de chouettes, j'y veille le silence sur les mousses crépusculaires. J'écoute le rêve de tant d'arbres qui s'enfoncent infiniment dans la terre. Des champignons font une faible lueur. Sous les branches des sapins qui touchent le sol, au plus bas des effondrements, sous les racines mêmes, galeries, couloirs, je rencontre des boules de fourrure.

La marche dans le paysage[4]
Buchbner

Le froid était humide ; l'eau ruisselait des roches, rejaillissait sur le sentier. Les branches des sapins pendaient alourdies dans l'atmosphère pluvieuse. Au ciel filaient de grises nuées, mais tout si épais — et puis le brouillard montait en volutes et passait au travers des buissons, moite et pesant, avec paresse, avec lourdeur.

Lui avançait avec indifférence, peu lui importait le chemin, une fois vers le haut, une fois vers le bas.

De lassitude il n'en sentait aucune ; mais il trouvait parfois désagréable de ne pouvoir aller sur la tête.

Au début, des lancées dans la poitrine, quand les pierres soudain se détachaient, quand la grisaille de la forêt frémissait à ses pieds et que le brouillard, tour à tour, noyait les formes ou mettait à nu un fragment de leurs membres puissants ; des lancées en lui. Il cherchait, comme on cherche des songes effacés, mais quoi ? et ne trouvait rien. Tout lui était si étroit, si près de son corps, si trempé ; il avait envie de mettre la terre à sécher derrière un poêle. Il ne comprenait pas qu'il fallût si longtemps pour dévaler telle pente, atteindre tel point fixe au loin ; cela, il pensait le franchir en quelques pas. Parfois seulement, lorsque la bourrasque jetait les nuages dans les ravines et que leur vapeur remontait, accrochée aux forêts ; et que les voix s'éveillaient dans les rochers, d'abord assourdies comme des orages expirant au loin, puis approchant leurs puissants grondements comme si leurs accents sonores avaient voulu, en leur sauvage allégresse, entonner un hymne à la terre ; et que les nuées accouraient en délivrant la horde hennissante de leurs fougueuses cavales ; et quand le soleil les déchirait de ses rayons, et surgissait et passait son étincelante épée sur les plans neigeux, si bien qu'un trait d'éclatante lumière tranchait les monts de la cime aux gorges ; ou bien lorsque la rafale chassait les nuages en les rabattant et en y trouant des lacs d'un bleu lucide, et qu'alors le vent semblait rendre l'âme et, très bas, au fond des ravins, et à la pointe des sapins, fredonnait des berceuses et des carillons, et qu'une faible rougeur teintait le bleu profond, et que de petits nuages y passaient comme des plumes argentées ; et que tous les sommets, précis et tranchants, s'illuminaient à la ronde et jetaient des éclairs au-dessus du paysage — alors sa poitrine se déchirait, il penchait le corps un peu en avant, haletant, la bouche ouverte et les yeux dilatés, il imaginait devoir attirer en lui la tempête, enfermer tout en lui, s'allongeait et restait à même la terre, il se laissait glisser dans l'immensité, et c'était une volupté qui faisait mal ; ou encore il s'arrêtait, posait son front dans la mousse, fermait les yeux à demi, alors tout partait au loin, la terre cédait sous lui, s'amenuisait en un astre errant et s'immergeait dans un fleuve mugissant qui charriait en dessous ses flots clairs. Mais ce n'étaient que des rapts de temps ; ensuite il se relevait, désenivré, résolu, paisible, comme délivré de ce jeu d'ombres — il ne se souvenait de rien.

Vers le soir, il parvint au sommet de la montagne, sur un champ de neige d'où l'on redescendait à l'ouest vers la plaine. En haut il s'assit. Le calme était venu avec le soir, les nuages s'étalaient sur le ciel, immobiles ; à perte de vue, des cimes aux larges pentes inclinées, et tout si gris, silencieux, crépusculaire ? Il se sentit effroyablement solitaire ; il était seul, absolument seul. Il voulut parler avec lui-même, mais ne le put, à peine osait-il respirer ; ses pieds, qu'il infléchissait sur le sol, faisaient résonner un bruit de tonnerre : il fallut s'asseoir. Une angoisse indicible s'empara de lui au milieu de ce néant : partout sous lui le vide ! Il bondit sur ses jambes et dévala la pente.

L'obscurité s'était installée, terre et ciel étaient fondus. C'était comme si quelque chose le poursuivait, quelque chose d'effrayant qui allait l'atteindre, quelque chose d'insoutenable aux hommes, comme si les coursiers de la Folie lui donnaient la chasse.

La marche illuminatrice [5]
Hermann Hesse

A chaque pas qu'il faisait sur la route, Siddharta apprenait quelque chose de nouveau, car pour lui le monde était transformé et son cœur transporté d'enchantement. Il vit le soleil se lever au-dessus des montagnes boisées et se coucher derrière les lointains palmiers de la rive ; il vit, la nuit, les étoiles, leur belle ordonnance dans le ciel et le croissant de la lune, tel un bateau flottant dans l'azur. Il vit des arbres, des astres, des animaux, des nuages, des arcs-en-ciel, des rochers, des plantes, des fleurs, des ruisseaux et des rivières, les scintillements de la rosée le matin sur les buissons, de hautes montagnes d'un bleu pâle, au fond de l'horizon, des oiseaux qui chantaient, des abeilles, des rivières argentées qui ondulaient sous le souffle du vent. Toutes ces choses et mille autres encore, aux couleurs les plus diverses, elles avaient toujours existé, le soleil et la lune avaient toujours brillé, les rivières avaient toujours fait entendre leur bruissement et les abeilles leur bourdonnement.

Marche en Inde[6]
Satprem

Ah! Marcher, c'est quelque chose que j'ai toujours aimé, et de n'importe quelle façon. J'aime bien quand on s'épuise, quand le corps arrive à l'extrême limite de sa ressource. Alors on commence à… basculer dans un autre rythme. Ce n'est plus le corps qui fait un effort — c'est quelque chose d'autre qui vous porte. On marche, on marche, et… il y a un grand rythme au bout. Quand on dépasse le stade de la fatigue, quand on dépasse un certain stade, c'est un grand rite.

Alors sur les routes de l'Inde, eh bien… Oui, je ne peux pas dire que c'était vraiment plus qu'ailleurs, parce que c'était la « marche », sinon que les êtres… Je me sentais dans un pays où l'on pouvait respirer mieux. Car, l'Inde, c'est une grâce de ce pays (ou c'était, je ne sais pas… maintenant, je ne sais pas si l'on peut en dire autant), c'est une grâce de ce pays. Il y a vraiment un air particulier.

Marche géomantique
Henri D. Thoreau

Qu'est-ce donc qui rend parfois si difficile de décider par où nous irons nous promener ? Je crois à un magnétisme dans la Nature qui, si nous y cédons sans y penser, nous conduira où il faut. Il ne nous est pas indifférent d'aller par ici ou par là. Il y a le bon chemin ; mais par étourderie, bêtise, nous sommes fort sujets à prendre le mauvais. Nous voudrions bien faire cette promenade, que nous n'avons jamais faite encore à travers ce monde réel, qui est le parfait symbole du chemin que nous aimons tant à suivre dans le monde intérieu et idéal ; et parfois sans doute, nous est-il malaisé de savoir quelle direction choisir, parce qu'il n'existe pas encore nettement dans notre idée.

Quand je sors de chez moi pour aller me promener, sans savoir encore où je porterai mes pas, et m'en remets à mon instinct de décider pour moi, je m'aperçois, si bizarre, si fantasque cela paraisse-t-il, que je finis inévitablement par m'arrêter au sud-ouest, dans la direction de tel bois ou pré particulier, quelque herbage ou hauteur abandonné, par là situé. Mon aiguille est lente à se fixer, elle varie de quelques degrés et n'indique pas toujours plein sud-ouest, il est vrai — et elle a de bonnes raisons pour varier ainsi — mais elle se pose toujours entre l'ouest et le sud-sud-ouest. C'est par là qu'est l'avenir pour moi, et la terre me semble plus riche de ce côté-là. Le contour qui enfermait mes promenades serait non un cercle, mais une parabole, ou même tel qu'une de ces orbites de comète qui n'ont pas de retour — s'ouvrant vers l'ouest en ce cas — où ma maison occupe la place du soleil. Parfois je fais des tours et des tours pendant un quart d'heure, irrésolu, jusqu'à ce que je décide, pour la millième fois, que je m'enfoncerai dans le sud-ouest ou l'ouest.

Marche chamanique au Mexique[8]
Carlos Castaneda

Je regardai. Don Genaro s'était élevé assez haut le long du rocher, et perché sur un rebord, il s'avançait lentement pour tourner autour d'un énorme bloc de rocher. Ses bras étaient largement ouverts comme s'il embrassait le roc. Il se déplaça lentement vers sa droite, et soudain perdit pied. J'eus un hoquet de surprise. De sa main droite il avait réussi à attraper une prise et très agilement il reprit pied sur le rebord. Pourtant j'avais été certain que j'allais le voir tomber. Avant de continuer il se tourna et nous regarda. Ce fut un rapide coup d'œil, mais dans le geste de tourner la tête il y avait quelque chose de gracieux qui me surprit et incita ma curiosité.

Je me souvins alors que chaque fois qu'il avait

glissé, il avait eu le même mouvement, il s'était tourné et nous avait regardés. Mais j'avais pensé que gêné par sa maladresse, Don Genaro s'était simplement tourné pour voir et nous nous en étions aperçus. Il grimpa un peu plus haut, perdit pied à nouveau et resta dangereusement pendu sur la face d'un rocher en surplomb. Cette fois-ci il se rattrapa de la main gauche, et quand il eut repris son équilibre, il se tourna et nous regarda. Avant d'arriver en haut de la falaise cela se répéta deux fois de plus. La cascade semblait avoir de sept à huit mètres de large à l'endroit où elle commençait à se précipiter dans le vide.

La marche solitaire[9]
Robert L. Stevenson

A présent, pour se goûter convenablement, une randonnée à pied doit être faite seul. Si vous l'entreprenez en groupe, ou même à deux, elle n'a plus de la randonnée pédestre que le nom. C'est quelque chose d'autre qui se rapprocherait davantage du pique-nique. Une randonnée à pied doit se faire seul, car la liberté est essentielle ; parce que vous devez être libre de vous arrêter et de continuer, et de suivre ce chemin-ci ou cet autre, au gré de votre fantaisie ; et parce que vous devez marcher à votre allure, sans trotter comme un champion de la marche, ni musarder avec une fille. Et alors vous devez être accessible à toutes les impressions et laisser vos pensées prendre la couleur de ce que vous voyez. Vous devez être comme un chalumeau dont n'importe quel vent peut jouer. « Je ne vois pas l'intérêt, dit Hazlitt, qu'il peut y avoir à marcher et à parler en même temps. Quand je suis à la campagne, j'ai le désir de végéter comme la campagne » — ce qui est l'essentiel de tout ce que l'on peut dire en la matière.

Il ne doit pas y avoir de caquetages près de vous, qui viennent troubler le silence méditatif de la matinée. Et tant qu'un homme raisonne, il ne peut pas s'abandonner à cette bonne ivresse salutaire qui prend naissance quand on se remue beaucoup au grand air, qui débute par une sorte d'éblouissement et de lourdeur de l'esprit et se termine dans une paix qui dépasse lentement.

La marche en Chine[10]
Victor Ségalen

Les pas sur la route sont bons et élastiques. A peine hors du gîte, la route d'elle-même — absorbée au loin par l'horizon contourné — semble se mettre en marche, et me tire. La distance n'existe pas encore. Il ne suffit pas de marcher, on veut courir, ni de courir, on sauterait à droite et à gauche, volontiers. Au bout d'un certain nombres d'heures semblables, l'allure change : on s'avoue qu'il est indispensable d'apprendre à marcher longtemps et droit.

La nuit vient avant la fatigue. On s'endort, heureux que le lendemain s'annonce fidèle à ce jour-ci. L'aube vient, avant le réveil. On ne s'étire pas : on est debout. Mais l'avancée est plus sage et plus prudente. Et l'on s'enquiert de la distance. Il ne peut être question de mesures rigides, ni de jalonner la route de segments équivalents. Le système occidental serait à la fois ici un manque de goût d'exotisme, et une raison d'erreurs locales : il ne faut pas compter en kilomètres, ni en milles ni en lieues — mais en *li*.

C'est une admirable grandeur. Souple et diverse, elle croît ou s'accourcit pour les besoins du piéton. Si la route monte et s'escarpe, le *li* se fait petit et discret. Il s'allonge dès qu'il est naturel qu'on allonge le pas. Il y a des *li* pour la plaine, et des *li* de montagne. Un *li* pour l'ascension, et un autre pour la descente. Les retards ou les obstacles naturels, comme les gués ou les ponts à péage, comptent pour un certain nombre de *li*. — Ceci n'a donc point d'équivalent dans la longueur géométrique, mais se conçoit fort bien dans la mesure humaine du temps et du jour : dix *li*, c'est à peu près ce qu'un homme, ni hâtif, ni lent, abat à son pas en une heure, dans la plaine.

Marche en plaine[11]
Gustave Roud

Notre monde sera, si vous le voulez, ce pays presque inconnu qui monte du Léman vers le nord et touche d'autres lacs. C'est à qui le fuira, dans les trains, les side-cars, et ces autobus qui aspirent, à l'aube des dimanches, des villages entiers.

Funeste aveuglement propagé par l'École musicale et le Manuel de géographie! On quitte une colline que des milliers d'années ont conduite à une forme parfaite et qui, tendrement, touche le ciel de sa lèvre d'herbe grasse, pour un enfer de glace et de roc — cascades essoufflées, et le pauvre accord du soir, rose et vert sur les neiges sans pitié!

Ah! Ouvrir les yeux de dix, de cinq, d'un seul parmi ces fugitifs! Viens, aime. Il y a autre chose que le sommeil pour ton corps rompu par la faux. Une touffe de feuilles dans la nuit frôle comme une main ta fenêtre. Viens, toutes les cloches jusqu'à l'horizon sonnent l'heure de notre fuite. Chaque village fleurit comme un bouquet de lampes. Viens.

Marcher pieds nus sur la terre[12]
Luther Standing Bear

Le Lakota était empli de compassion et d'amour pour la nature. Il aimait la terre et toutes les choses de la terre, et son attachement grandissait avec l'âge. Les vieillards étaient — littéralement — épris du sol et ne s'asseyaient ni ne se reposaient à même la terre sans le sentiment de s'approcher des forces maternelles. La terre était douce sous la peau et ils aimaient à ôter leurs mocassins et à marcher pieds nus sur la terre sacrée. Leurs tipis s'élevaient sur cette terre dont leurs autels étaient faits.

L'oiseau qui volait dans les airs venait s'y reposer et la terre portait, sans défaillance, tout ce qui vivait et poussait. Le sol apaisait, fortifiait, lavait et guérissait.

C'est pourquoi les vieux Indiens se tenaient à même le sol plutôt que de rester séparés des forces de vie. S'asseoir ou s'allonger ainsi leur permettait de penser plus profondément, de sentir plus vivement ; ils contemplaient alors avec une plus grande clarté les mystères de la vie et ils se sentaient plus proches de toutes les forces vivantes qui les entouraient…

La marche au Japon [13]
Bashô

Et moi-même, depuis je ne sais quelle année, lambeau de nuage dansant à l'invite du vent, je n'avais cessé de nourrir des pensers vagabonds et j'avais erré sur les rivages marins, puis à l'automne de l'an passé, dans ma cahute du bord de la rivière, je balayai les vieilles toiles d'araignées ; bientôt ce fut le bout de l'an, et le printemps venu, l'envie me prit de franchir la barrière de Shirakawa dans la brume légère ; possédé par le Dieu de la bougeotte qui me troublait l'esprit, touché par les appels des dieux de la route, incapable de rien entreprendre, je ravaudai ma culotte déchirée, changeai le cordon de mon chapeau, et sitôt appliqué le moxa sous la rotule […] je me transportai en la retraite champêtre de Sampû…

Marche bouddhiste

La marche attentive de long en large[14]
Satipatthana

En s'y livrant, on doit être conscient des phases séparées de chaque pas. La division sextuple de ces phases, telle que la donne par exemple le *Commentaire du Discours*, est trop compliquée pour le débutant. Qu'il suffise de remarquer trois (A) ou deux (B) phases. Pour les adapter à un rythme de deux syllabes, nous suggérons de les formuler comme suit : A-1 levée, 2 portée en avant, 3 pose ; B-1 levée, pose du pied. Lorsqu'on veut marcher plus vite, on peut utiliser la division double ; autrement, la division triple est préférable

car elle offre une suite d'attention plus étroite, sans
lacune.

Cette pratique de la marche attentive est particulièrement recommandée, tant comme méthode
de concentration que comme source de vision intérieure. On peut donc la pratiquer en propre et pas
seulement comme « changement de posture »
contre la fatigue. Dans le *Discours du Bouddha*,
nous trouvons un passage qui revient fréquemment
et qui dit : « Le jour, et aux premières et troisièmes
veilles de la nuit, il purifie son esprit des pensées
obstructives tandis qu'il marche de long en large
ou est assis. »

Si l'on considère la marche de long en large
comme une pratique en propre, il est souhaitable
de disposer pour ce faire d'une surface assez étendue, soit à la maison (un couloir ou deux pièces
adjacentes) soit dehors, car tourner en rond trop
souvent peut déranger le courant continu de l'attention. Il faut marcher pendant assez longtemps,
même jusqu'à ce qu'on se sente fatigué.

Méditation et marche zen rinzaï[15]
Alan Watts

À l'heure de la méditation, les moines entrent en
procession dans la salle et s'asseyent sur les cous-
sins ronds disposés sur les planchers, la tête tournée vers le milieu de la salle. Le moine principal

s'avance et se prosterne devant l'autel du Bouddha, tandis qu'à l'extérieur un autre moine appelle les retardataires en tapant sur un gong plat en bois, portant l'inscription :

> *« La naissance et la mort sont des événements*
>   *importants*
> *Comme la vie est éphémère !*
> *Chaque minute est précieuse, le temps n'attend per-*
>   *sonne. »*

Le moine principal allume ensuite une baguette d'encens devant servir à mesurer le temps et, sitôt qu'il aura rejoint sa place, la méditation zazen commence. Deux moines se lèvent et s'approchent de l'autel du Bouddha. Chacun se prosterne devant l'autre et devant la représentation du Bodhisattva. Ils prennent ensuite tous les deux une baguette plate en bois (*kyosaku*), se prosternent encore, se séparent, chacun allant vers une extrémité de la salle. Ils vont et viennent devant les deux rangées des moines en méditation, regardant attentivement chacun d'entre eux pour s'assurer qu'aucun ne manifeste des signes de somnolence.

Au début de la méditation, ils marchent d'un pas alerte et léger, puis ils ralentissent peu à peu le pas, pour finalement ressembler à des ombres en marche. Soudain, l'un deux s'arrêtera devant un moine somnolent, lui donnera quelques coups secs sur les épaules avec son *kyosaku*, restaurant instantanément toute vigueur à son esprit. Après un certain temps, ils regagnent leur place et la méditation se poursuit. Quand la baguette d'encens finit de se consumer, le moine principal fait sonner une cloche et claquer deux planchettes de bois. C'est le signal annonçant la détente. On repousse aussitôt les *soji* pour permettre l'aération de la salle. Les moines se mettent en rang et commencent une marche rapide et silencieuse autour de la salle, accélérant leur pas au fur et à mesure. Quand la deuxième baguette finit de se consumer, le moine principal fait claquer deux planchettes de bois.

Revivifiés par cet exercice, les moines reprennent leur méditation. Ces alternances de méditation et de marche durent près de trois heures et prennent fin à l'heure du repas principal, c'est-à-dire à dix heures.

« *Kin hin* » : *la marche du soto zen* [16]
Taisen Deshimaru

Dans le dojo sont enseignées les quatre attitudes fondamentales du corps : comment se tenir debout, comment marcher, comment s'asseoir, comment s'allonger. Ce sont les postures originelles. Celles que nous prenons habituellement, les attitudes auxquelles nous nous laissons aller, ne sont dans la plupart des cas que des postures brisées.

La posture debout, et en marche, est très importante. On la désigne par *kin hin*. Maurice Béjart a reconnu en elle l'origine des pas et des postures de danse enseignés dans le ballet classique européen.

La posture est la suivante :

On se tient debout, la colonne vertébrale bien droite, le menton rentré, la nuque tendue, le regard posé à trois mètres devant soi, c'est-à-dire à peu près à la hauteur de la taille de la personne qui précède lorsqu'on est en file indienne. Le pouce gauche est serré dans le poing gauche, lequel est posé par la tranche sur le plexus solaire. La main droite enveloppe le poing gauche et les deux mains sont fortement serrées ensemble et appuyées contre le sternum pendant l'expiration. Les coudes sont écartés, et les avant-bras tenus à l'horizontale ; les épaules relâchées et rejetées en arrière. Au début de l'expiration, on avance avec la jambe droite d'un demi-pied, et l'on appuie énergiquement sur le sol avec la plante du pied — précisément avec la racine du gros orteil, comme si l'on voulait imprimer une trace dans le sol. Il y a une profonde correspondance entre cette extrémité du pied et le cerveau. Il est bon de ressentir le contact avec la terre. Le genou étant bien tendu, la jambe est alors en tension ainsi que tout le côté droit depuis le sommet de la tête jusqu'au bout du pied. L'autre jambe, l'autre côté, restent souples, détendus. En même temps, l'expiration par le nez est profonde, lente, aussi longue que possible, mais sans forcer et sans bruit. Quand elle arrive à la fin, on marque un temps d'arrêt, on relâche tout le corps et l'inspiration se fait d'elle-

même, automatiquement, librement. Au début de
l'expiration suivante, on change de jambe, et tout
le processus recommence en prenant appui sur le
pied gauche, la jambe droite restant souple.

C'est une marche rythmée, comme celle d'un
canard, faisant alterner tension et détente, temps
forts et temps faibles. Les maîtres zen disent qu'il
s'agit d'avancer comme le tigre dans la forêt ou le
dragon dans la mer. L'appui du pied est sûr et
silencieux, comme le pas d'un voleur !

Pendant cette marche, on ne doit pas regarder
le visage des autres personnes. Le regard est tourné
vers l'intérieur comme si l'on était seul avec soi-
même. Comme pendant le zazen, on laisse passer
les pensées. La marche en *kin hin* repose de l'assise
en zazen. Au long d'une journée de *sesshin*, on fait
alterner l'une et l'autre. Le corps et l'esprit retrouvent leur unité, ainsi qu'une résistance et un dynamisme remarquables.

Kin hin est, comme zazen, une méthode de profonde concentration. L'énergie, poussée par l'expiration, est rassemblée dans le bas-ventre où elle est
vraiment active. Entraînement à la stabilité de
l'énergie : les arts martiaux du Japon sont fondés
sur cette tenue des jambes et sur la concentration
de l'énergie dans le *hara* (centre de gravité du corps
situé à trois largeurs de vos doigts en dessous du
nombril). Cette posture est enseignée dans la pratique du judo, du karaté, de l'aïkido et du tir à l'arc.

De nos jours, on tend à oublier cette influence

de l'attitude spirituelle dans la pratique des arts martiaux. On recherche la force par la seule technique. *Do*, dans « judo », dans « aïkido », signifie « voie ». Les arts martiaux ne sont ni une technique de compétition ni des sports de combat, mais une méthode en vue d'atteindre la maîtrise de soi, le contrôle de l'énergie dans l'abandon de l'ego et la communion avec l'ordre de l'univers. Entraînement de la conscience : on ne tire pas la flèche, la flèche part à l'instant précis où, inconsciemment, on est prêt, dépouillé de soi.

Marche taoïste — « Le promeneur ne laisse pas de traces [17] *»*
Alan Watts

Le promeneur exercé n'utilise que l'énergie indispensable pour avancer. Il ne laisse pas de traces puisque, marchant d'un pas léger, il ne soulève pas de poussière. Un taoïste dirait que si un promeneur soulève de la poussière, celle-ci est la preuve de ce qu'il utilise un excédent d'énergie, non absorbé par l'acte de la marche. Bien que cette comparaison soit un peu forcée, l'idée fondamentale est celle du secret de la concentration et de la réussite de toute activité. Il faut utiliser la quantité d'énergie requise pour parvenir à un résultat donné, mais d'une manière générale, l'homme rend sa vie plus ardue, en gaspillant un potentiel d'énergie considérable dans les tâches qu'il entreprend, du fait de son manque de concentration.

Cimes [18]
Rob Schultheis

Il se passa quelque chose lors de cette descente, quelque chose que j'ai tenté de cerner depuis, tant ce fut inexplicable et puissant. Alors que je descendais les pentes mortelles du Neva, je me surpris tout simplement à réaliser un grand nombre de choses impossibles. Déboussolé, en état de choc, je varappais avec l'impeccable perfection d'un léopard des neiges ou d'une chèvre des montagnes. Je franchis des couloirs de roche effritée, les prises disparaissant de mes mains ou de mes pieds à mesure que je me déplaçais — une danse dans laquelle un seul contretemps eût été fatal.

Mes prises ? Des plaques de givre suspendues au granit. Elles roulaient avec fracas dans le vide, mais j'étais déjà passé, plus loin. Des lambeaux de nuages dérivaient en se frottant à moi comme des chats ; je pouvais sentir palpiter leur électricité. A l'ouest, il bruinait de la neige fondue, une bouillasse qui m'empêchait de me repérer ; les roches luisaient d'humidité. Ce que je suis en train de faire, me disais-je, est absolument impossible. Je ne peux faire cela. Mais j'ai la grâce, le flash illuminant, en avant !

En un endroit, le seul chemin pour redescendre consistait en un pilier de glace noire ; je dégringolai le long de ce pilier, les mains coincées entre la glace et le roc, les talons de mes bottes écrasés contre la paroi, mes doigts de pied s'accrochant aux minuscules rugosités — des rides d'une minceur d'étoffe — de cette immense chandelle de glace. Impossible, absurde. Puis, cinq mètres de roche verticale, sans aucune aspérité ; je m'agrippai au grain du granit — c'est la vérité ! — et franchis l'obstacle pour retrouver d'autres corniches verglacées. A deux doigts de la mort ? Non, plus près encore. La gravité tentait de m'aspirer ; je bondissais et jaillissais toujours échappant à son emprise. Durant toutes mes journées de varappe dans les collines au-dessus de Bouldre, je n'avais pas même fait le dixième de tout ça, je savais que j'allais bien au-delà de mes limites. Une petite partie de moi-même tremblait de peur et de fatigue, appelant à la rescousse, souhaitant être emportée à la vitesse de l'éclair n'importe où ailleurs, loin de ce précipice glacial. Le reste, confiant, empli d'une joie démente, se réjouissait de cette danse de survie animale, admirait les cristaux étincelants du granit, la calligraphie ivre des quartz de glace [...] totalement possédé par le geste du grimpeur, ravi par l'immense vertige du lieu. Cela me rappelait certains rêves, lorsque mon corps était aussi léger qu'une plume, plus léger encore, et que je m'élançais d'un seul bond, sans effort, planant à cinq, dix ou quinze

mètres de hauteur, tournant comme une toupie
d'un seul mouvement du poignet.

Avec le recul, je ne peux vraiment expliquer ou
décrire précisément la nature de cet être étrange qui
habita mon corps cet après-midi-là. Il était si différent de mon moi quotidien ; je n'en avais jamais
perçu la présence auparavant, pas pus que je ne l'ai
perçue depuis, excepté lors d'une seconde chute à
Mexico en 1982 et, plus particulièrement, durant
quelques semaines fantasques de course sur de
longues distances… L'être que je devins sur le
Neva était la meilleure version possible de moi-
même, la personne que j'aurais dû être tout au long
de ma vie. Plus de regrets, plus d'hésitations ; je
n'étais plus que le geste juste. Je crois sincèrement
que j'aurais pu toucher l'œil d'un moustique à
trente pas avec une aiguille de pin ; je n'aurais pu
manquer mon coup parce que toute erreur était
devenue impossible. Je ne me souciais pas de savoir
si j'allais tomber ou non, car je ne pouvais tomber,
pas plus que deux et deux ne peuvent faire trois.
Tout cela était un non-sens sublime, bien entendu,
mais j'y croyais, dans le tréfonds de mes cellules ;
si je n'y avais cru, j'eusse été précipité dans l'abîme.

Quelque temps après, je me retrouvai en train
de progresser péniblement dans un amoncellement
de neige profonde au pied du versant. L'orage avait
éclaté, une lumière vertigineuse emplissait le
gouffre. Des banderoles de nuages luttaient ciselées
dans une opale de feu.

Je pris vers le nord, parallèlement à la ligne de partage des eaux, m'effondrant dans la neige jusqu'aux genoux tous les trois mètres ; je grattais avec acharnement la croûte de givre qui me couvrait, me remettais sur pied et continuais tant bien que mal. D'après la carte, il y avait une piste quelque part plus bas, la piste qui menait vers l'est, vers le col du Quatre Juillet, vers la cabane où j'avais campé ; un long, très long chemin, mais je n'avais pas le choix. Je continuai ma marche, tombant et me relevant encore et encore. La neige se fit moins profonde ; je me retrouvai dans la zone d'éboulis, martelant d'un pas heurté les cailloutis du flanc nord-ouest du Neva. Lorsque je distinguai la piste, ligne subtile s'élevant vers l'est, vers la passe invisible, elle m'apparut comme un sentier de conte de fées conduisant vers l'autre monde.

L'ascension était longue jusqu'au haut du col. A mesure que l'après-midi déclinait, la lumière se transformait. Le sommet était un champ de blocs erratiques avec des poches de gravier, des touffes d'herbe séchée brunie par le dernier soleil. A ma gauche, un champ de neige s'affaissait dans les profondeurs spectrales du Trou de l'Enfer, sous le pic Arapaho. La piste conduisait à l'est, en direction de la cabane, de Boulder, des Grands Plaines — du monde. Et j'avançais sur la piste ; je n'avais qu'à descendre tout droit. Tout cela s'étendait devant mes yeux. J'aurais pu saisir le monde tout entier, me semblait-il, comme une pomme d'or. Ma vie pas-

sée, tout ce qui m'était advenu avant le moment de
cette chute, s'était évanoui. Je l'abandonnai comme
une vieille peau sèche et étriquée — ce qu'elle était
effectivement — et la regardai disparaître sans le
moindre regret. De la plante des pieds jusqu'à l'extrémité de chaque cheveu, la joie m'emplissait.

En ce monde, vous devez vous montrer aussi pru-
dent qu'un animal sauvage ou qu'un guérillero,
sinon la révélation vous abandonne avant même que
vous vous en aperceviez. J'en veux pour preuve ce
flash d'éveil, que le bouddhisme zen nomme *satori*,
sur le Neva. J'avais goûté un instant d'illumination
— perfection, nature de Bouddha, Dieu, ou que sais-
je encore... En de tels cas, le nom est sans objet. A
la tombée de la nuit, alors que j'atteignais la cabane,
je commençai à réintégrer mon vieux « moi ».

Passager du temps[19]
Jacques Lacarrière

Une fois de plus, au terme du voyage, je me
rends compte combien se déplacer ainsi tout au
long des chemins, musarder la France est affaire de
temps beaucoup plus que d'espace. Je veux dire
qu'en marchant, c'est votre temps qui change non
votre espace. Et l'on comprend pourquoi il n'est de
vrai voyage qu'au cœur de cette durée réinstaurée
que crée l'écoulement des sentes et des jours car elle
agit sur le temps intérieur qui semble alors se

dérouler à contresens comme si, par la seule magie d'un voyage obstiné, la grande corolle des saisons, la rosace des astres inversaient brusquement leur habituelle rotation. Et agissant sur notre temps interne, elle agit par là même sur les scories qu'il laisse en nous, sur les bribes de notre mémoire qui devient à la fois souvenance et prémonition, cristal du temps passé et irradiance de l'instant retrouvé. Tel est, avec l'enseignement de ce que signifie, dans tous les sens du mot, le terme passager, le grand message des chemins : rien de plus que cela mais rien de moins non plus. Ce n'est pas cela exactement que j'ai cherché confusément, ce n'est pas cela que j'imaginais au début de mon pèlerinage, à Saverne, sur le chemin de halage où je côtoyais, dans le matin de ce mois d'août, deux chats endormis au soleil. Mais c'est cela que j'ai trouvé. Et c'est par cela, grâce à cela que tant de paysages, de visages, de phrases et de silences se sont peu à peu ajustés en moi, ont pris place dans les strates du temps comme des reliefs stabilisés dans la grande mémoire intérieure.

Marcher par simple amour du vent et de la terre[20]
Henri Bosco

Voyager à pied m'a toujours ravi. L'éloge du voyage à pied n'est plus à faire. Je ne le ferai pas.

Je dirai seulement le bonheur que j'ai à marcher.
Je ne suis pas un extraordinaire marcheur. Je
marche. C'est déjà quelque chose ; et comme je le
fais pour y prendre plaisir, il est rare que j'aille au
bout de ma fatigue. Dès que ma jambe s'alourdit,
je regarde un peu plus vivement, devant moi, en
quête d'une halte, d'une vraie halte, celle où, de
haut en bas, se délasse le corps et où je puisse, moi,
manger, boire, soupirer d'aise.

[…] Et je pars !… J'ai pourtant passé la jeunesse,
certes ! Mais il m'arrive encore de boucler le sac, de
lacer mes gros brodequins à clous, d'empoigner
mon bâton, une vieille canne sonore à la pointe de
fer très émoussée, et d'aller renifler, sur les chemins, l'odeur du vent, si décisive au moment de se
mettre en route dans la bonne direction. L'esprit
du voyage en dépend. La terre est le corps du
voyage ; le vent en est l'âme… J'aime la terre et l'air
d'un amour égal et, en moi, leurs puissances s'ac-
cordent. Tout ce qu'un chemin creux, sec, odo-
rant, bordé de noisetiers en fleurs, doit, en avril, à
une bonne brise, je le sais ; et je sais aussi ce que je
gagne à passer sur un grand coteau chargé de thym
et de lavande, le vent d'est, le matin, quand il
souffle très doucement et que la rosée humecte les
pierres.

Au fond, voilà pourquoi j'ai voyagé à pied : par
simple amour du vent et de la terre. Pour être seul
aussi — c'est si bon d'être seul ! — tout seul, sur
un plateau, dans une gorge, au bord d'une rivière ;

et par horreur du véhicule (de presque tous les véhicules) ; afin pour aller justement où personne ne va jamais et qui est quelquefois caché de merveilles.

*Méditer,
une philosophie
du dedans*

PAR LE DR JACQUES VIGNE

6.

De l'arrêt du mental

> « Il n'est pas nécessaire de méditer au nom de Jésus, de Bouddha ou de qui que ce soit. Il suffit simplement de méditer. Méditer. »
>
> Yéhudi Menuhin

La marche, de par sa répétition rythmée, favorise une régularisation du cours des pensées. Si elle est associée à la répétition d'une formule sacrée, elle peut même mener à un arrêt du mental et à un état supérieur de conscience. Il est courant chez les pèlerins de tous les pays de pratiquer la prière répétitive. Dans le christianisme, les *Récits d'un pèlerin russe*[1] sont célèbres pour cela, ainsi qu'en Inde les *Carnets de pèlerinage* de Swami Ramdas[2]. J'ai été tellement fasciné par ce pouvoir de la répétition sur l'esprit — qu'elle soit répétition du pas ou répétition d'une formule sacrée —, que j'en ai fait le sujet de ma thèse de médecine[3]. Ce que je pressentais au moment où j'ai rédigé ce travail, c'est

que les techniques répétitives, normalement associées dans l'esprit des gens à la prière ou à la pensée positive, peuvent également apporter une
contribution importante au développement de la
psychothérapie. Une des limitations de celle-ci est
qu'elle se fonde presque exclusivement sur l'observation du mental ; mais cette dernière ne représente
qu'une moitié des possibilités d'approche de l'esprit dans les voies spirituelles. La seconde moitié
est constituée par des techniques concentratives,
consistant en un mouvement répétitif de l'attention qui revient sans cesse à l'objet sur lequel elle
a décidé de se fixer.

On a souvent comparé la prière de Jésus au mantra, et l'hésychasme au yoga[4]. J'aborderai ce dernier sujet à la fin de cet ouvrage ; je m'intéresserai
en premier lieu au résultat de ces techniques, la
paix (*hésychia*), qu'on a décrite comme la colonne
vertébrale de la mystique de l'Église orthodoxe
d'Orient, et l'arrêt du mental (*citta vritti nirodah*),
que Patanjali considère comme la définition même
du yoga au début de ses aphorismes (1-2)[5].

Un silence vaste comme le ciel

Je suis heureux d'écrire sur ce sujet en Inde, sur
les bords du Gange, juste avant de rentrer en
retraite pour six mois environ. Il peut sembler paradoxal de parler du silence, mais d'autres ont fait

son éloge avant moi⁶ : en attendant que ce silence
ne devienne l'objet de notre expérience, que peut-
on trouver comme plus beau sujet de réflexion
pour occuper notre esprit ?

La psychologie n'est pas totalement étrangère
aux vertus du silence : l'abstention du psychiatre a
une efficacité en soi, car elle constitue une accep-
tation implicite du mental de son patient et de son
existence en tant que tel ; cependant, il faut se tourner vers les pratiques de la méditation pour que le
sujet lui-même essaie de devenir silencieux. Les
thérapeutes sont trop fascinés par les bruits de
l'intellect, les fausses notes de la psychopathologie
et le grondement sourd des pulsions ébranlant
l'inconscient pour jamais penser à écouter le grand
calme qu'il y a derrière, ou en dessous de tout cela.
En ce sens, on peut dire que le silence est le grand
refoulé de notre psychologie moderne. Notons
d'ailleurs que la philosophie et la théologie
l'avaient déjà passablement mis à l'écart de leurs
préoccupations. Pourtant, l'homme ordinaire a
une intuition juste du silence quand il aime aller
dans la nature. Là, les images ne sont plus porteuses
de messages calculés comme dans les villes. La
nature n'a rien à lui dire de spécial, et c'est peut-
être pour cela qu'il aime bien sa compagnie.

Pour rentrer dans le vif du sujet, quelques
réflexions déjà sur le vocabulaire : en sanscrit,
silence se dit « *mauna* », mot tellement lié à la pra-

tique des sages de l'ancien temps qu'on les appe-
laient souvent « *mounis* ». Quant à la paix, *shanti*,
elle est considérée comme le neuvième et dernier
sentiment (*rasa*), en quelque sorte la base à partir
de laquelle tous les autres existent. En grec, le terme
« *hésychia* » est utilisé pour désigner à la fois la paix
et le style de vie des solitaires. Nous nous intéres-
serons directement à cette expérience de l'hésychia
sans détailler l'histoire du mouvement auquel il a
donné lieu, l'hésychasme, qui a imprégné de son
parfum toute la mystique de l'Église d'Orient.

Un autre terme signifiant la tranquillité est *apathéia*, « absence de passions ». Il ne s'agit bien sûr
pas de l'apathie, état de paresse, mais d'un état de
pureté où tous les mouvements du mental sont
arrêtés. C'est un état de surconscience, ayant une
analogie profonde avec le *samadhi* hindou. Pour les
Pères, l'*amerimnia* — l'absence de soucis — se
révèle pratiquement toujours une vertu. Dans ce
sens, une sage hindoue de notre siècle, Ma
Anandamayi, disait en des mots simples : « Le non-
souci, voilà la méditation suprême. » Un autre mot
signifiant la tranquillité est *èrémia*, ressemblant
fort, mis à part l'accent de la première lettre, à *éré-
mia*, le désert. Dans les mots mêmes, les deux
notions sont associées. En latin, la paix se dit
« *pax* », et elle a eu une telle importance dans le
développement du monachisme occidental qu'elle
est devenue la devise de l'ordre bénédictin.

Dans ce texte, je resterai proche du témoignage

direct des moines et je ne me lancerai pas dans des spéculations théologiques lourdement marquées par la culture. Le rapprochement des pensées montrera que l'idée d'un sommet commun à toutes les mystiques n'est pas un leurre. Je me suis laissé guider dans mon choix des paroles des Pères et des sages de l'Inde par mon intuition, basée elle-même sur l'expérience intérieure que j'ai pu développer depuis huit ans que je vis en Inde. J'ai bénéficié aussi de l'expérience de Vijayananda, que je connais depuis une huitaine d'années : ancien médecin français devenu disciple de Ma Anandamayi, il vit et pratique la méditation du Védanta depuis plus de quarante ans en Inde. S'il n'est pas un Père du désert, il mériterait, du fait d'avoir vécu dix-sept ans solitaire dans l'Himalaya, le nom de « Père de la montagne ».

En ces temps où l'Occident s'ouvre à d'autres courants religieux, cette notion de silence intérieur permet de transcender des impasses du dialogue, puisqu'il représente le réservoir commun de toutes les paroles sacrées. Il est vaste comme le ciel, et n'est pas dérangé par les voix des différents groupes qui participent au pluralisme spirituel d'aujourd'hui. Le silence permet de résoudre bien des problèmes de traduction...

Le silence est le signe du renoncement, et à ce propos, qu'il nous soit permis de citer une phrase de ce qu'on peut considérer comme le testament spirituel de Swami Abhishiktananda, partisan convaincu de la rencontre du Védanta et du christianisme :

« L'appel au renoncement intégral déborde les frontières des religions… et c'est dans cet appel surgissant des profondeurs du cœur humain que les grands *dharmas* (religions) se rencontrent effectivement, en cette tension qui les porte comme au-delà d'elles-mêmes. »[7]

Ramana Maharshi exprimait la même idée par une image traditionnelle : « Le silence est l'océan dans lequel toutes les rivières des religions viennent se jeter[8]. »

Après avoir parlé de l'arrêt du mental dans le Védanta et dans le christianisme, nous envisagerons la méthode qui permet d'y arriver, c'est-à-dire l'ascèse, en faisant une étude critique du sens de la souffrance et du corps chez les Pères par rapport à la tradition hindoue. Enfin, et avant de conclure, nous ferons part de quelques réflexions sur la technique de l'hésychasme comparée au yoga.

L'arrêt du mental dans le Védanta

Il y a trois degrés d'arrêt du mental :
• le silence de l'activité verbale intérieure ;
• l'effacement des images ;
• l'arrêt des sensations venant du corps.

Quand on est parvenu à ce dernier stade, le Soi se révèle, c'est le *samadhi*. Lorsque le lac est calme, on peut en voir le fond. Cela ne signifie pas que le silence soit un état de torpeur. Ramana Maharshi disait que les gens croyaient le sage paresseux parce qu'il pouvait rester longtemps immobile ; mais en fait, il est comme une toupie qui tourne tellement vite qu'on ne la voit même plus se mouvoir. Le silence du vrai gourou est l'enseignement le plus fort : c'est par lui que Dakshinamurti, le sage adolescent, a transmis la Connaissance du Soi aux quatre rishis, qui étaient déjà des vieillards. Les foules qui venaient voir Ma Anandamayi, ou qui maintenant viennent voir Ma Amritanandamayi, peuvent rester des heures à simplement regarder le gourou, sans avoir besoin de discours ou de prédication. Un jour, quelqu'un demanda à Ma Anandamayi : « Dites-moi votre expérience. » Ma répondit : « Pour ce faire, cela supposerait qu'il y ait toujours quelqu'un pour expérimenter, ce qui n'est pas le cas ici (c'est la façon dont Ma parlait d'elle-même)... Tout ce qui peut être exprimé par des mots ou par le langage est une création de l'esprit. » [9]

On croit que le silence est inactif, mais c'est en fait une éloquence qui ne cesse pas. On pourrait le comparer au libre courant de l'électricité dans un fil ; de temps à autre, il arrive à un instrument et le fait fonctionner ; sinon, il s'écoule de lui-même.

La rencontre d'un vrai maître peut donner l'expérience du silence. Nisargadatta Maharaj disait : « Avant le moment où j'ai rencontré mon gourou, je savais tant et tant de choses ! Maintenant, je ne sais rien... Je me connais moi-même et je ne trouve

ni vie ni mort en moi, seulement l'être pur. »[10] Avec
le « Je Suis celui qui Suis » divin, la phrase de la
Bible qui attirait le plus Ramana Maharshi était :
« Faites silence et sachez que je suis Dieu » (Ps 46,
11).

L'une des nombreuses méthodes de méditation
consiste à observer le mental entre les pensées et
d'y percevoir le silence. C'est une technique également utilisée en Occident, notamment chez les
Chartreux. Il faut bien comprendre que si toutes
les pratiques spirituelles s'acheminent vers le
silence, elles ne le créent pas, car il est déjà là, et il
n'est autre que le Soi : « Celui qui a perdu sa bourse
dans un moment de distraction peut la retrouver
en calmant son esprit et en se demandant où il a
pu l'égarer. Quand il a retrouvé la bourse perdue,
on ne peut pas dire que le fait de calmer son esprit
ait créé cette bourse. De même, le contrôle de votre
esprit n'est pas la cause de la Réalisation du Soi ;
bien que toujours là, vous ne reconnaissez pas le
Soi, même avec un esprit contrôlé, parce que vous
n'en avez pas l'habitude. »[11]

Dans le Védanta, on aime bien prendre comme
analogie du *samadhi* le sommeil profond — étant
dépourvu d'images oniriques, il représente un
silence des formes. De plus, la distinction entre
l'observateur, ce qui est observé et l'observation
disparaît, comme fondus en une seule masse de
conscience (*prajnaghana*, terme employé dans les
Upanishads). Le *samadhi* a la même très grande

force centripète que le sommeil profond, mais au lieu d'être inconscient, il est surconscient.

Si l'on veut se repérer dans la hiérarchie des expériences spirituelles, et savoir ce qu'il est important d'accomplir, il faut faire la distinction entre *manolaya* et *monasha* — respectivement la dissolution et la destruction du mental. La dissolution est définie comme un phénomène réversible, alors que la destruction du mental, elle, est définitive. Les germes des *samskaras* (conditionnements passés) sont morts, comme dans de l'eau qu'on a bouillie ou dans des graines qu'on a grillées à la poêle. Ma Anandamayi parlait souvent de la distinction entre le vide (*shunya*) et le grand Vide (*mahashunya*) qui correspond à peu près à la différence que nous venons d'établir. Les auteurs chrétiens parlent de la fausse et de la véritable hésychia. Il est important de savoir cela afin de ne pas confondre une banale — et toutefois utile — expérience de relaxation profonde et le grand Silence, que connaissent quelques rares grands maîtres.

Dans l'advaïta Védanta, la doctrine de la non-dualité pure, même la présence d'une pensée au sujet de la divinité est une limitation à un silence vraiment stable. En effet, quand il y a deux personnes ensemble (l'idée que je me fais de la divinité et moi), même si elles peuvent se taire pendant quelque temps, elles recommenceront fatalement à parler à un moment ou à un autre...

Cette importance fondamentale donnée au silence n'est pas l'apanage du non-dualisme indien, on retrouve la même notion dans le zen — témoin ce que disait maître Dogen : « Il faut savoir que si aucune pensée ne surgit, la vie-et-mort est alors tranchée et que, si on n'a ni conjecture ni différenciation, on éclaire tous les phénomènes. » [12] On peut encore rapporter ce propos d'un autre maître zen, Taïdo (XVᵉ siècle) : « Hormis cette pacification, il n'y a pas de bouddha. Ce bouddha n'a pas de lumière spéciale, il ne vole pas dans les airs. Notre être est tel quel, depuis notre naissance jusqu'à aujourd'hui, c'est celui d'un bouddha inné et serein. N'en doutez pas ! » [13]

En Occident, Plotin a été l'inspirateur de ceux qui voulaient s'orienter vers une voie de connaissance pure, c'est-à-dire la réalisation de l'Un au-delà de toute question de personne, comme dans le Védanta. Il évoque le stade supérieur de l'expérience spirituelle de cette façon : « L'âme cesse d'agir ; elle ne continue plus à faire des efforts, elle est pleine ; elle possède sa contemplation à l'intérieur… ainsi, l'unité est introduite en elle ; plus il y a d'unité, plus il y a de tranquillité. C'est alors que la partie de l'âme qui connaît devient *un* avec ce qui est connu (*hèn töi gnôsyhénti*). » [14]

Le christianisme et l'hésychia

Dieu préfère se manifester dans l'hésychia — « la voix d'un silence subtil », comme il l'a fait comprendre à Elie (I R 19, 12) sur le mont Horeb. Celui-ci venait de faire égorger quatre cent cinquante prophètes de Baal au mont Carmel (I R 18, 40). En ne se montrant pas dans le tremblement de terre, l'ouragan ni le feu, Dieu a sans doute fait sentir à son prophète qu'il n'était pas pour l'utilisation des méthodes violentes. De même le Christ, en quittant ses disciples, leur a dit : « Je vous laisse ma paix. » Pour savoir en quoi consiste cette paix, nous pouvons aller interroger les Pères du désert. Leurs conseils directement orientés vers la manière de tirer profit de leur retraite et d'obtenir le silence du mental ont finalement une valeur plus universelle que les spéculations théologiques ou que les élaborations christologiques ou ecclésiologiques. Évidemment, les définitions qui tentent d'évoquer l'hésychia ont une portée limitée ; elles sont comme le battant à porte d'une maison : on frappe, mais on ne sait si la porte va s'ouvrir, ni qui on trouvera derrière.

Isaac le Syrien (appelé aussi « de Ninive ») évoque l'hésychia quand « tout ce qui est prière cesse et [que] l'âme prie en dehors de la prière [...] Le saint s'oublie alors complètement en laissant tout ce qui est de ce monde, n'ayant plus en lui aucun mouvement vers quoi que ce soit »[15].

Il y a trois degrés de silence : le cloître, où le novice goûte la paix du mode de vie monastique, « l'arène », qui correspond à la période où l'énergie intérieure est éveillée par les diverses pratiques spirituelles et où il faut la maîtriser et l'orienter vers le divin ; le troisième degré, c'est le « port », où le moine jouit de « l'assemblage de tous les biens, de la source de lumière, où il est même appelé "dieu et frère du Christ" » [16].

Jean Climaque, qui passa sa vie au monastère Sainte-Catherine au pied du mont Sinaï et qui a inspiré par son ouvrage *L'échelle sainte* tout le monachisme postérieur, ne tarit pas d'éloge sur le silence conscient : « Le silence, avec la connaissance, est la mère de la prière, la délivrance de la captivité, la préservation du feu… le compagnon de l'hésychia, l'adversaire du désir d'enseigner… l'artisan de la contemplation, un progrès invisible et une ascension secrète. » [17] Il est intéressant de remarquer que les deux derniers degrés de l'échelle du progrès selon Jean Climaque sont l'*apathéia*, (l'absence de mouvements mentaux) et la charité. Là, on retrouve la vacuité et la compassion, deux qualités suprêmes et inséparables du bouddhisme mahayana. L'*apathéia* est « la nature même de l'âme. Les passions y sont surajoutées… » [18]. Ce qui revient à dire que le but de la pratique est de retrouver sa vraie nature — expression qui fait penser à l'enseignement du zen qui dit que chaque être a la nature de Bouddha [19].

L'hésychia naît de la mort de la prière au sens habituel du terme. Isaac le Syrien dit : « Tout ce qui est fait de prière, ou peut être prié, est en deçà de la spiritualité. Et ce qui est spirituel est d'un ordre qui exclut mouvement et prière. »[20] Le Pseudo-Denys est encore plus laconique pour parler de ce type d'expérience : «L'extase au-delà de soi-même et de tout. »[21]

Pour l'être ordinaire, le silence est une coupure, pour le moine, c'est une union. Cet état est à rechercher avec intensité, car il est déifiant en lui-même : «Avoir soif de l'hésychia déifiante», dit l'un d'eux. Pour cela, un sentiment d'irréalité du monde, comme dans le Védanta, est une phase nécessaire.

Autre analogie frappante avec le non dualisme hindou : par la purification de son mental, le moine se transforme en pure conscience ; quelques instants avant sa mort, l'abbé Bessarion fit cette réflexion : «Le moine doit être comme les chérubins et les dauphins, uniquement œil. »[22]

L'hésychia est un processus de mort et de résurrection. L'ego doit réellement disparaître. L'abbé Poemen, quand il était simple moine, est venu se plaindre à son maître Ammonas du bruit que faisait un voisin. Celui-ci lui répondit : «Poemen, tu vis encore ? Va, assieds-toi dans ta cellule et grave dans ton cœur que tu es depuis un an dans le sépulcre. »[23] Cet état de mort correspond à la libération définitive : «Avec cette science et cette humilité qui en découlent, cessent toutes les luttes et les tentations ; car les démons ne peuvent lutter avec celui qui se considère comme n'étant rien. »[24] Cette connaissance supérieure vient de la foi, et exclut l'action [25]. Nous nous trouvons dans l'optique du Védanta où la connaissance supérieure ne peut être contrainte ni à provenir des actions ni, d'ailleurs, à les produire. Il y a une séparation entre les deux niveaux, l'action servant à purifier le mental avant la grande expérience, et à exprimer une compassion libre et gratuite après.

C'est une idée courante en Inde que l'amour supérieur (*parabhakti*) conduit à la connaissance (*jñana*) ; un moine actuel du mont Athos, qui sans doute ne connaît guère l'enseignement non duel de l'Inde, en arrive à la même expérience : « L'*apathéia*, c'est le but. Alors, l'homme est comme Dieu. Il n'y a plus en lui de mauvaises pensées, il n'est plus esclave d'aucune passion, il est devenu amour, sans émotions, sans désir : il est. » [26] Cet être silencieux est vaste comme un ciel sans nuage et sans vent : « Un nuage ne peut se former sans un souffle de vent ; de même, une passion ne peut naître sans un mouvement de pensée. » [27]

Pour avoir cet espace de liberté et de silence, le moine peut aussi partir à l'étranger (*xénitéia*). Là, il ne sera plus troublé par le milieu qu'il a quitté, et il ne comprendra pas ou peu les bavardages autour de lui. Toutefois, il ne semble pas que tous les Anciens aient atteint cet état d'hésychia ; l'un deux confiait : « En vérité, cela fait soixante-dix ans que je porte l'habit, et aucun jour, je n'ai trouvé le repos… » [28] Est-ce à cause de cette difficulté, ou pour d'autres raisons que le monachisme postérieur semble avoir mis moins clairement l'accent sur l'hésychia que les premiers Pères ? Ne se sont-ils pas laissé envahir par le rituel et la récitation de textes, certainement bonne pour calmer l'esprit des novices, mais plus discutable pour des mystiques qui ont atteint la maturité ? Dans ce sens, en Occident, la condamnation du quiétisme, liée beaucoup à des intrigues de cour, n'a-t-elle pas été dommageable ? La mystique des moines est-elle obligée d'être la même que celle des paroissiens, sauf qu'ils y passent plus de temps ? N'ont-ils pas cédé au piétisme ambiant en craignant de perdre par la voie directe de l'hésychia les consolations ou les visions que leur apportait l'image qu'ils s'étaient faite de Jésus ? Il semble qu'un moine actuel du mont Athos aille dans ce sens quand il dit : « Quelques-uns ont entendu les paroles de Jésus ; bien peu ont entendu son silence. »[29]

7.

Psychologie de l'ascèse

> La seule possibilité de donner un sens à son existence, c'est d'élever sa relation naturelle avec le monde à la hauteur d'une relation spirituelle.
>
> A. Schweitzer

Ceux qui commencent à s'intéresser à la voie spirituelle ont souvent une fausse vision de l'ascèse. Il y a une tendance à prendre prétexte des excès ascétiques qu'il y a eu dans l'histoire monastique pour laisser tomber tout effort et ne rien faire. Entre ces deux extrêmes, il y a un juste milieu à trouver; pour cela, nous allons explorer en profondeur l'ascèse excessive, puis définir en quoi consiste l'ascèse juste — comment se désidentifier du corps sans le malmener —, et chercher quelles sont les causes qui, dans la tradition chrétienne, ont particulièrement favorisé l'ascèse violente.

Les moines ne sont pas des gens ordinaires : ils développent par leur pratique une concentration de l'esprit et une intensité peu communes. Pour comprendre les difficultés qu'ils rencontrent, les théories élaborées par des psychologues qui n'ont aucune expérience de la retraite et de la méditation soutenue sont de peu d'intérêt. Après avoir étiqueté l'ascèse de « masochisme », ils n'ont plus grand-chose ni à dire ni à comprendre.

Par contre, une psychologie spirituelle comparée peut fournir des références solides dans d'autres traditions. Nous parlerons donc de la notion d'ascèse juste et de désidentification du corps, et ce à la fois en Inde et dans le christianisme. En Inde, l'ascèse excessive était très répandue au temps du Bouddha. Il s'y est lui-même essayé, puis a défini la règle du juste milieu. Les anthologies de textes de moines du désert évitent les propos ascétiques à outrance ; en revanche, j'ai lu quelques ouvrages complets où l'on trouve des propos d'un ascétisme effrayant mêlé parfois à des paroles sublimes. Nous allons tenter d'éclairer cela.

L'ascèse excessive : les faits

La surenchère de l'ascèse était un fait tellement courant dans les premiers siècles du monachisme qu'on lui a donné un nom spécial : l'*épascèse*. La référence à la croix du Christ était officiellement la justification de ces excès. Saint Paul lui-même n'hésitait pas à dire « Je meurtris mon corps et je le traîne en esclavage » (Cor 9, 26). Il parle aussi de toutes les épreuves qu'il a endurées, la faim, le froid, les persécutions, etc. Celles-ci sont devenues une sorte de modèle pour les moines, bien que leur absence de vocation missionnaire les expose a priori beaucoup moins aux aléas d'une vie active et itinérante. Macaire, un des premiers anachorètes après saint Antoine, a donné du moine une définition sans ambiguïté : « Est moine celui qui se fait violence en toute chose. »[1] Cela paraît loin de la douceur de l'hésychia…

Commençons par un exemple caricatural d'ascèse violente : « saint » Eusèbe s'était attaché une chaîne reliée au cou et aux reins à la fois ; comme elle était trop courte, il était obligé de se tenir constamment courbé ; il a gardé cet instrument en permanence pendant quarante ans, jusqu'à sa mort[2]. Cet exemple illustre de manière physique, pourrait-on dire, le risque évident de déviation pathologique qui se cache derrière le besoin « d'humiliation volontaire ». Un autre moine, lui, était resté vingt ans sans lever les yeux[3]…

Autre exemple : à la suite de saint Syméon le Stylite, il était devenu de bon ton de grimper sur une colonne en guise de cellule. Comme il est cependant difficile de rester seul, les stylites se regroupèrent en communautés. L'une d'entre elles, à Gethsémani, comme par hasard, comptait une centaine de membres. Parfois, ils ne s'entendaient pas, surtout s'ils étaient de tendances théologiques différentes et ils s'invectivaient d'une colonne à l'autre[4].

A d'autres endroits, existaient les «brouteurs», qui avaient fait le vœu de ne se déplacer qu'à quatre pattes et de manger de l'herbe ou ce qu'ils trouvaient par terre, mais sans se servir des mains…[5]

L'abbé Bessarion, quant à lui, avait passé quatorze jours les bras en l'air en prière.

Une ascèse courante dans le monachisme oriental est celle des larmes. Pleurer diminue le sens de l'ego, la tendance à la colère et aux désirs. En ce sens, la componction (*penthos*) est présentée comme l'arme de choix du moine. Là encore, les excès étaient nombreux. L'abbé Arsène avait tant versé de larmes qu'il en avait perdu les cils[6], un autre moine avait pleuré pendant deux ans, jour et nuit, sans discontinuer[7]. En principe, ces larmes devaient être comme celles d'un enfant, mêlées de douleur et de joie ; mais le glissement vers la dépression franche (acédie) était facile. Les larmes sont un message de l'enfant pour faire venir la mère. Si elle n'arrive pas, une réaction de désespoir est possible. Les dernières paroles d'un certain nombre de moines expriment la peur de la damnation, ou de pécher pendant les dernières heures qui leur reste à vivre : cela semble ne pas être un signe de réussite.

Dans le genre ascétique, Jean Climaque est un bon cas à étudier. Rentré au monastère à seize ans, il se met sous la férule d'un maître appelé

Martyrius — tout un programme ! Plus tard, il écrivit *L'échelle sainte*, le livre de chevet de l'abbé de Rancé, le fondateur de la Grande Trappe et de la réforme ascétique des cisterciens au XVIIᵉ siècle. Parmi de sages propos sur la prière et les étapes du progrès spirituel, on trouve dans ce livre des perles de ce genre : « Les personnes les plus avancées que j'aie connues dans le désert étaient des moines sincèrement convaincus d'être indignes, d'avoir échoué dans leur vocation. »[8] Ou encore : « Les esprits mauvais, flagellés par ta prière, s'enfuiront comme devant le feu. »[9] L'envie de boire (de l'eau !...) doit être combattue par la pensée des flammes de l'enfer, la soif des opprobres est un signe de perfection... Il conseille aux moines d'être « comme des prisonniers dans les mines qui sont frappés à toute heure par leurs gardiens »[10]. On n'est pas loin, ici, du camp de concentration spirituel... Le poison du péché contamine alors aussi les moyens de salut : « A chaque communion, prie pour que ce ne soit pas pour ta condamnation. »

L'autoflagellation psychologique est aussi folle que l'autoflagellation physique. Dans la dernière ligne d'un ouvrage, par ailleurs intéressant, sur la vie monastique chrétienne, on trouve le mot « diable ». Voilà qui est regrettable lorsqu'on sait qu'on finit par devenir ce sur quoi on concentre son esprit à long terme. Il faut attendre pratiquement la fin du volume sur les « Paroles des anciens » pour trouver ce qui pourrait évoquer un conseil de visualisation positive : « Que ta pensée soit toujours dans le Royaume des cieux, et bientôt tu le posséderas en héritage. »[11]

Avant de nous pencher sur la psychologie des excès d'ascèse, essayons déjà de comprendre ce qu'est l'ascèse juste et le rapport équilibré du méditant avec son corps.

L'ascèse juste

A mon sens, l'ascèse juste consiste à accepter les souffrances qui viennent d'elles-mêmes, et l'ascèse excessive consiste à s'en créer. Un Père disait : « Il ne suffit pas de renoncer à sa vie, il faut la haïr. »[12] A mon sens, ces propos sont la définition même de l'ascèse excessive. Par opposition, l'ascèse juste me semble évoquée par Simone Weil à propos de l'humilité : « Ce qui s'approche le plus de la véritable humilité, c'est l'intelligence. »

L'épascèse a bien sûr déjà été critiquée à l'intérieur même de la voie chrétienne. L'abbé Poemen disait : « Tout ce qui dépasse la mesure vient des démons. »[13] Cependant, Poemen, en voulant adoucir sa position, ne peut s'empêcher de faire de nouveau rentrer en scène des diables, et retombe ainsi dans un conflit de contraires sans fin.

Par contre, la Bhagavad-Gita, le grand texte de la tradition hindoue, prend soin de préciser que le yoga n'est pas pour ceux qui mangent trop ou trop

peu, ni qui dorment trop ou trop peu. Et la Voie
du milieu s'avère tellement importante dans la pensée bouddhiste qu'elle a donné son nom à une école
principale du Madhyamika. Il est intéressant de
noter que le sens du mot «milieu» ne rejoint pas
la notion commune qu'on en a : en effet, le tiède,
par exemple, n'est pas le milieu entre le froid et le
chaud, mais un troisième terme qui dépasse la dualité froid-chaud.

D'après la pensée indienne, la souffrance vient
de l'ignorance ; c'est donc par la compréhension
qu'on peut y remédier ; cette notion est en accord
avec la psychologie moderne. D'une compréhension (*viveka*) qui n'est pas seulement intellectuelle,
mais vécue profondément en méditation, vient le
lâcher-prise (*vairagya*). Sur ce chemin-là, l'expérience du bonheur intérieur est un moteur puissant. On demandait un jour à un Ancien pourquoi
l'âme revenait sans cesse aux choses transitoires et
impures ; il répondit : «C'est parce qu'elle n'a pas
encore goûté la douceur des biens célestes ; qui
l'a goûtée cherche Dieu de tout son cœur ; qui ne
l'a pas goûtée revient rapidement aux choses
impures.» [14]
Il ne faut pas croire que le mélange de souffrance
et de bonheur soit l'apanage de l'expérience des
ascètes. Ceux qui sont pris par une passion amou-
reuse vivent aussi cet état-là de façon intense. De
même, ceux qui font du sport de compétition souf-

frent beaucoup dans leur corps ; mais ils y trouvent un plaisir à se dépasser eux-mêmes. Et on pourrait défendre la thèse selon laquelle le mépris pathologique du corps est plus grave chez un alpiniste qui risque sa vie pour « vaincre » un sommet qui a déjà été vaincu trente-six fois, que chez un moine du désert qui jeûne parce qu'il trouve que cela lui donne un esprit plus léger.

La violence dans l'ascèse vient de la méconnaissance d'une loi fondamentale du psychisme : la peur du désir redouble le désir, et la colère contre sa propre colère redouble cette colère. A court terme, on peut faire violence à son mental et gagner ; mais il se vengera par la suite d'une autre façon, comme un enfant battu par son père prend sa revanche de toutes sortes de manières à l'adolescence ; le psychisme fonctionne par l'alternance des opposés (*dvandva-s*) ; chercher à humilier l'ego de force ne fait que prouver qu'on a toujours un ego, et qu'il est fort. Il y a un fond de manichéisme dans l'incapacité de dépasser les contraires, comme par exemple dans le cas de ce moine du mont Athos qui disait : « Le moine n'a d'autres ennemis que les démons. Prier pour eux est impossible. »[15] Ce dualisme est lié psychologiquement à la difficulté de dépasser réellement le désir sexuel chez la plupart : « Celui qui possède la perle de la chasteté ne peut être libre de la peur de se la faire voler (par les démons) tant qu'il n'a pas atteint le sanctuaire de la tombe, c'est-à-dire le pays du repos. »[16]

Cependant, il serait injuste de dire qu'il n'y a pas d'intuition du dépassement des paires d'opposés chez les Pères. Grégoire le Théologien disait : « Se prendre pour un grand pécheur est plaisant, tout autant que de se considérer comme saint ou génial. Mais se regarder tel qu'on est, ni plus haut ni plus bas, semble médiocre. »[17] La colère entre les passions, signe d'un dualisme de débutant, doit être évitée, et Isaac le Syrien conseille : « Mieux vaut repousser les passions par le souvenir des vertus plutôt qu'en leur résistant. » Saint Nil disait également : « La prière commence par les pleurs et la contrition, mais il ne faut pas que ce moyen contre les passions devienne lui-même une passion. »[18] Un autre indice du dépassement des dualités se manifeste dans les capacités de certains moines à accepter les tentations avec reconnaissance ; à moins que ce ne soit qu'un symptôme de plus du goût immodéré pour les souffrances qu'on s'inflige. Dans le contexte dévotionnel, la grâce est ce qui peut sauver de la triste dualité du combat indéfini de l'âme entre le Bien et le Mal, mais encore faut-il qu'elle soit présente ; dans le cas contraire on retombe dans une autre dualité, celle de la présence ou de l'absence de la grâce, dualité qui est une grande pourvoyeuse d'angoisses dans l'évolution spirituelle du chrétien.

On trouve rarement exprimée une voie de méditation qui utilise l'observation du mental tel qu'il est. Cependant, on peut rapprocher de cette pratique le conseil de saint Nil : « Un homme prie vraiment quand il offre toutes ses premières pensées à Dieu. »

Respect et désidentification du corps

D'après le Védanta, trois facteurs vont ensemble : la désidentification par rapport au corps, par rapport à l'ego et par rapport à un Dieu personnel. Quand on réussit à être désidentifié du corps, le reste suit. Il y a au fond un rapport intime entre idolâtrie, autolâtrie et somatolâtrie. Toutes les traditions se rejoignent sur la nécessité de modifier la conscience habituelle que l'on a de son corps, même le tantrisme bien compris ou le chamanisme. Neurophysiologiquement, l'emploi de drogues hallucinogènes est lié à une modification de la conscience du schéma corporel. Si on est bien guidé, on peut s'en servir pour remettre en cause ses structures trop rigides de personnalité névrotique et élargir sa vision du monde.

Parmi les auteurs chrétiens, c'est peut-être à Maxime le Confesseur que revient le mérite d'avoir mis le mieux en relief le lien entre attachement au corps et attachement à l'ego, qu'il appelle « *philautie* ». Irénée Hausherr, grand spécialiste des Pères grecs, a consacré un ouvrage à ce sujet. Il y rapporte la définition de la philautie par Maxime : « C'est l'amitié passionnée et déraison-

nable pour le corps[19]. [...] La philautie étant,
comme je l'ai dit, le principe, la mère de tous les
vices, une fois qu'elle est arrachée, tous ses reje-
tons, toute sa postérité se trouvent arrachés avec
elle. Elle disparaît, il ne peut subsister absolument
nulle part aucune trace de malice. »[20] Derrière le
langage ascétique de son époque, Maxime va en
fait très loin : il soutient, comme le Védanta, que
la désidentification complète du corps et de l'ego
amène à la perfection, à l'état de « libéré vivant ».
Cela signifie-t-il qu'il faut malmener le corps ?
Non, le vrai processus est un processus de
conscience : « Il ne s'agit pas de supprimer les sens
ou les objets des sens, mais l'inclinaison de l'âme
vers eux. »[21]

Nisargadatta Maharaj n'était pas un ascète
vivant dans le désert. Il était marié, avait plusieurs
enfants, et tenait une petite boutique à Bombay ;
cela ne l'empêchait pas d'insister fortement sur la
nécessité de la désidentification : « Une fois que la
désidentification d'avec le corps-mental a lieu,
Braham (l'Absolu) viendra les mains jointes à vos
pieds... »[22]

Dans la pensée traditionnelle, le corps corres-
pondrait à ce que Winnicott aurait appelé un objet
transitionnel : il serait comme ces vieux bouts de
tissus sans guère de valeur auquel le bébé s'attache
de tout son cœur et de toute son âme et dont il
refuse absolument d'être séparé

La conscience du corps

La nouvelle conscience du corps qui se développe chez le méditant avancé est un état paradoxal, et en cela elle est associée à un éveil. On peut voir une évocation de cet état quand saint Paul parle d'une expérience qui a été décisive pour lui, et qui lui permet de fonder son autorité spirituelle sur ce qu'il a vécu et « vu » directement ; il dit en parlant de lui-même : « Je connais un homme dans le Christ qui, voici quatorze ans — était-ce dans ce corps ? je ne sais était-ce hors de son corps ? je ne sais ; Dieu le sait — […] cet homme-là fut ravi jusqu'au troisième ciel […] il entendit des paroles ineffables, qu'il n'est pas permis à un homme de redire » (II Cor 12, 2-4). Grégoire Palamas, au XIVe siècle, a lutté pour faire reconnaître dans le prière la place du corps, en s'opposant à Balaam, un brillant professeur de philosophie à la cour de Constantinople, aux vues plutôt intellectuelles. Grégoire affirmait ceci : « Nous disons que c'est un mal d'être dans les pensées corporelles : mais être dans le corps, ce n'est pas un mal, puisque aussi bien, le corps n'est pas mauvais. »

Le paradoxe de la conscience et du corps est celui-ci : il faut que la conscience descende dans le corps pour pouvoir comprendre comment elle y est attachée ; après seulement, elle peut penser sérieusement à s'en détacher. A ce moment-là, la désidentification n'est pas un affaiblissement, mais un renoncement, car il permet de s'identifier au Soi, à sa vraie nature ; c'est dans ce sens qu'on répète dans le zen : « Aller au-delà du corps et de l'esprit » ou que Vivekananda dit : « Ce sont ces gens stupides qui s'identifient avec le corps qui gémissent piteusement : "Faibles, faibles, nous sommes faibles". »[23] Il faut tenir le juste milieu entre l'écoute et la maîtrise du corps : si on n'a que la maîtrise sans l'écoute, on tombe dans la moralisation pure et dans le refoulement. Si on n'a que l'écoute et pas la maîtrise, on tombe soit dans l'hypocondrie, soit dans une sorte de pansexualisme qui fait plutôt régresser du point de vue spirituel. On revient alors à une centration sur soi, un égoïsme plat que l'on observe parfois chez des gens qui ont fait dix ans de psychanalyse — non contents de courir après la satisfaction de leurs besoins conscients comme la plupart des gens, ils courent en plus après la satisfaction de leurs besoins inconscients, et ne s'en sortent plus.

L'intérêt de vivre dans la solitude, c'est que les pensées extérieures diminuent beaucoup, et que l'on peut prendre conscience de la base corporelle du mental ; mais il faut, là aussi, que cette prise de conscience soit accompagnée de détachement, sinon, le mental tourne en rond sur lui-même.

Marc l'Ascète reconnaît, comme Maxime, une sorte de statut de « libéré vivant » à celui qui a réussi à se désidentifier du corps : « Celui qui, grâce au désir du Divin, a réussi à dépasser l'inclination de l'âme envers le corps devient libre des limites, même en étant encore dans le corps… Pour celui qui fait ainsi, sa vie naturelle ne sera pas un obstacle au fait qu'il demeure en Dieu, dont la nature est au-delà de toute compréhension. »[24] Des sages indiens comme Ramdas ou Ma Anandamayi parlaient de leur corps à la troisième personne ; Maxime le Confesseur évoque le même état d'esprit à la première page des ses *Quatre centuries sur l'amour* : « Un homme qui s'attache à Dieu avec amour considère les choses visibles comme non existantes, y compris son corps, comme si ce n'était pas le sien. »

La compréhension profonde du paradoxe du corps permet de réconcilier les deux propos apparemment contradictoire de Nietzsche et de François d'Assise. Le premier disait à peu près cela dans le *Zarathoustra* : « Il y a plus de sagesse dans votre corps que dans toute votre raison », et le second considérait qu'il fallait traiter son corps comme « Frère l'âne ». La sagesse qui monte du corps ne peut exister que parce que le corps est conscient. De même, quand l'âne est bien monté, son énergie est orientée par une conscience. Dans les deux cas, le but recherché est cette conscience-sagesse, et non pas le corps comme une sorte d'objet de consommation selon ce que souhaiterait un certain « esprit du temps » actuel : parfois, il faut savoir choisir entre l'esprit du temps et l'esprit tout court.

Le sage, comme l'enfant, a une pensée proche du corps. Par sa méditation, il a trouvé des voies directes qui permettent d'aller de la base au sommet. Il a éveillé la Kundalini ; nous reviendrons, dans la partie consacrée à « Hésychasme et yoga » p. 187, aux évocations indirectes de cet éveil chez certains Pères. Ce qui crée la véritable séparation entre le corps et l'esprit, c'est le mental vital, comme une couche de nuages entre terre et ciel. La conscience du méditant avancé traverse cette couche, pareille à la foudre.

Le mental vital oscille sans cesse entre la peur et le désir ; ce n'est pas une question de « péché », c'est sa nature d'osciller entre ces deux extrêmes comme le battant d'une horloge ; mais quand ce battant finit, un jour, grâce aux pratiques spirituelles, d'osciller et s'arrête enfin à sa ligne d'équilibre — ce qui correspond chez le méditant au rassemblement de l'énergie dans l'axe vertébral (*sushumna*) —, alors la Terre rejoint le Ciel, l'Espace rentre en fusion et le Temps est détruit.

La psychologie de l'ascèse excessive et de l'angoisse dans le christianisme

Nous avons déjà donné brièvement certains éléments de compréhension des causes de l'ascèse excessive. Nous allons maintenant approfondir et essayer d'élargir la problématique au sens de la souffrance, question qui se pose à toute tradition spirituelle, mais qui a été résolue, d'une certaine manière, dans le christianisme ; ses réponses ont imprégné notre arrière-plan culturel.

Une première cause de l'ascèse excessive, et plus généralement de la souffrance qu'on s'inflige, c'est la colère retournée contre soi-même. Du point de vue psychologique, pulsion de suicide et pulsion de meurtre sont souvent intimement liées. En Inde aussi, les ascètes (*tapasvi-s*) étaient connus pour leurs colères. Leurs victimes pouvaient être les nymphes (*apsaras*) illusoires qui venaient les tenter et auxquelles ils avaient déjà succombé auparavant. Tant qu'ils restaient sujets au désir, où à son revers qu'est la colère, ils ne pouvaient atteindre la Réalisation.

Le plaisir qu'on trouve dans la souffrance est une cause évidente d'ascèse excessive — et appliquer sur cela l'étiquette de « masochisme » n'est pas une explication en soi. Il semble qu'une des lois de la médecine populaire — « Plus le médicament est amer, meilleur il est » — se retrouve transposée telle quelle dans le domaine pycho-spirituel : « Plus ça fait du mal, plus ça fait du bien. » Le problème, c'est, qu'en général ça ne marche pas de cette façon : ce genre de psychologie populaire est souvent aussi erronée que son concept homologue en médecine.

La propension à souffrir peut prendre la pro-

portion d'un délire de damnation, comme pour
Surin, l'exorciste de Loudun. C'est un fait classique
en psychopathologie, surtout dans les fortes
dépressions (mélancolie), mais il existe le plus souvent des formes atténuées : même si on ne se sent
pas complètement damné, on a l'impression d'être
constamment en enfer et d'être obligé d'y persévé-
rer. Le moine prend alors ce qui était probablement
un passage difficile de sa pratique comme une
norme. Cette jouissance de certains à se sentir en
enfer pourrait être qualifiée d'anti-extase.

Une explication simple de cette propension à
s'attacher à la souffrance en tant que telle peut être
l'inertie, ce qu'on appellerait le « *tamas* » en psychologie indienne ou le « conditionnement simple » en
comportementalisme. Une expérience de psychologie animale est significative de ce point de vue : un
pauvre chien est attaché et il reçoit des décharges
électriques. Ensuite, on le détache et il reçoit les
décharges dans une boîte dont il peut sortir en sautant ; mais curieusement, après avoir fait un rapide
tour de la boîte, il préfère rester dedans à gémir et
être électrocuté : c'est plus « tranquille » quelque
part de rester docilement dans son enfer. Seligman,
l'auteur de cette expérience, l'a appelée la « déré-lic-
tion conditionnée » (*conditioned helplessness*) [25].

L'accoutumance à un état désagréable ou à une
souffrance avait été remarquée depuis longtemps.
Vivekananda raconte l'histoire traditionnelle de ces
femmes qui étaient en train de pêcher en mer

quand une tempête les surprit et les rejeta sur la côte avec leurs paniers de poissons. Elles sont recueillies par un homme riche qui les autorise à dormir dans sa roseraie ; mais après s'être couchées, elles ne réussissent pas à trouver le repos ; elles sont obligées d'aller chercher les paniers de poissons qu'elles avaient laissés sur la rive pour pouvoir enfin s'endormir… Rumi raconte le même genre d'histoire. Peut-être faut-il se souvenir de tout cela pour interpréter ce mot déjà cité d'un moine : « Quand je n'ai pas de tentations, je me sens abandonné de Dieu. »

La volonté d'ascétisme

Le mot « ascétisme » vient du grec « askèsis » qui signifie « exercice » dans le sens d'un exercice athlétique. Le bien-être qu'on ressent lors d'une pratique intensive du sport et pendant les quelque temps qui le suivent est lié à la production d'endorphines. Il est possible qu'il y ait un rapport avec certains types d'extases [26]. Le jeûne, quant à lui, favorise la production d'adrénaline destinée à compenser la baisse de sucre dans le sang. Cette adrénaline est aussi augmentée chez les gens qui écoutent constamment la radio ou de la musique ; cela explique qu'ils se sentent déprimés quand ils se retrouvent par hasard dans une ambiance silencieuse. Les anorexiques mentaux qui ne mangent presque pas ont un dynamisme, paradoxal pendant longtemps, qui masque l'affaiblissement du corps.

La privation (*nazareat*) d'eau, qui semblait très importante chez les Pères, peut provenir de la volonté de raréfier les mictions, le désir d'uriner ayant à peu près la même localisation que le désir sexuel. Il pouvait être lié également, chez des habitants du désert, à une sorte d'entraînement de survie, analogue aux pratiques du feu intérieur chez les Tibétains qui vivaient tout l'hiver dans un froid rigoureux. La privation de sommeil provoque un afflux onirique durant la veille, et favorise donc ce qu'on pourrait appeler des « visions à bon marché ». Cependant, pour quelqu'un qui sait méditer, cet afflux d'images peut accélérer le processus de purification de l'inconscient, si toutefois il ne s'endort pas pendant sa pratique… D'autre part, les érections réflexes qui ont normalement lieu durant le sommeil ont tendance à se produire pendant la veille, ce qui pose problème pour un moine et qu'il peut interpréter, dans un contexte chrétien, comme des attaques démoniaques. Tous ces faits doivent amener à considérer avec prudence les propositions de retraite intensive avec privation de sommeil importante que l'on voit fleurir actuellement, au moins pour les gens fragiles psychiquement ; il faut les contre-indiquer pour ceux qui ont eu des antécédents d'hallucinations.

Un autre facteur favorisant l'ascèse excessive est l'émulation. Même quand les moines vivaient rela-

tivement isolés, ils entendaient parler par les visiteurs des exploits ascétiques de leurs frères et
avaient envie de les imiter afin d'obtenir leur coupe
aux grands tournois de la macération… Si l'imitation des pairs est un stimulant non négligeable,
l'imitation des Pères en est un qui l'est encore
moins. Les moines avaient une sorte de « complexe
du descendant » vis-à-vis de leurs prédécesseurs ou
des fondateurs du monachisme censés avoir été
obligatoirement mieux qu'eux ; c'était une sorte de
nostalgie des origines. Quant aux premiers Pères,
ils souffraient visiblement du même complexe vis-
à-vis des martyrs qui les avaient précédés de peu —
le début du monachisme correspond à la fin des
grandes persécutions —, vis-à-vis des apôtres eux-
mêmes martyrisés et vis-à-vis de Jésus, surtout,
mort sur la croix. Cette crucifixion représente un
traumatisme de naissance incontournable. Saint
Paul a dit explicitement qu'il ne faut pas que la
croix du Christ ait été en vain. Cependant, le risque
de trop chercher à expliquer ou à donner un sens
à une souffrance passée est de s'y enfoncer encore
plus.

Les martyrs (ainsi que leurs tombes) étaient
investis par le peuple de pouvoirs miraculeux. En
s'étant sacrifiés, ils étaient devenus sacrés. Les
moines qui partaient pour le désert n'étaient pas
exempts de cette volonté de pouvoir liée à un statut sacré. Et ils devenaient en quelque sorte comme
le bouc émissaire qu'on envoie au désert chargé du

péché du peuple et, à ce titre, étaient éminemment
porteurs de pouvoir…

Le désert est habité par les démons (Lev 16, 8),
associés par les Pères aux dieux païens. Le Père des
moines, saint Antoine, est décrit par saint Athase
comme entouré durant ses veilles de nuit par les
bêtes féroces du désert. Il leur disait : « "Si vous avez
reçu pouvoir contre moi (de Dieu), je suis prêt à
me laisser dévorer ; si vous êtes envoyées par les
démons, ne vous attardez pas, retirez-vous !" A ces
mots d'Antoine, elles fuyaient : on les eût dit chas-
sées par le fouet de son discours. »[27] La critique spirituelle que l'on peut faire du sacrifice, c'est qu'il
est une action intéressée, faite pour gagner quelque
chose — le mérite ou, sur un autre plan, un pouvoir ; or le véritable amour, ou la véritable connaissance, est gratuite.

A propos de ce rapport entre sacré et sacrifice,
on peut relire les textes de René Girard, ainsi que
Nietzsche, qui fait une critique féroce de la notion
chrétienne de sacrifice et, enfin, Eugen Drewermann qui en a donné une analyse serrée du point
de vue psychologique[28].

Austérités et pouvoirs

En Inde, le lien entre austérités (*tapasya*) et pouvoirs (*siddhis*) est clair ; mais ces derniers sont
décrits comme des obstacles à la libération. Les

moines savaient aussi cela, mais recherchaient quand même, pour nombre d'entre eux, des formes subtiles de pouvoirs. Isaac le Syrien disait : « Tout comme lui a été refusée la grandeur de la tentation, ainsi lui a été refusée la grandeur du charisme. En aucun cas Dieu ne donne grand charisme à petite tentation [29]. » Les ascèses extraordinaires attiraient les foules de curieux, comme par exemple celle de saint Syméon qui restait en permanence sur sa colonne. Elles conféraient à l'ascète des pouvoirs magiques permettant de lutter avec les ascètes païens. On pourrait à ce sujet établir un lien entre les moines du désert et Milarepa : après s'être adonné à la magie et avoir tué nombre de personnes, Milarepa ressentit un jour vivement le poids de ses péchés et commença de mener une vie extrêmement ascétique sous la guidance de Marpa. Il développa des pouvoirs qui lui permirent de chasser les esprits et les magiciens de l'ancienne religion Bön qui pullulaient au Tibet et d'y propager ensuite la sagesse nouvelle du bouddhisme.

L'évocation des hérétiques produisait chez les moines du désert une réaction aussi violente que la pensée des femmes : malgré le fait qu'Antoine ait consacré sa vie à développer l'humilité et l'amour du prochain, son sang ne fit qu'un tour quand il s'aperçut que certains de ses visiteurs étaient des partisans d'Arius : « Ayant jugé et connu leur impiété, il les chassa de sa montagne, disant que leurs discours sont pires que le venin des serpents. » [30] Athanase,

biographe d'Antoine et évêque d'Alexandrie guer
royant contre les païens et les hérétiques, termine la
vie du saint anachorète en recommandant de la lire
aux Hellènes pour leur « prouver que leurs dieux ne
sont pas des dieux, mais des démons et que les chrétiens qui croient en Dieu pieusement les foulent aux
pieds, les chassent comme trompeurs et corrupteurs
des hommes… »[31] Même si on se réfère à l'esprit du
temps, je trouve tout de même que, comme notion
des fruits de l'ascèse et de la sainteté, c'est un peu
limité ! Cette ambiance de lutte quasi manichéenne
entre l'orthodoxie d'un côté, et les païens et les hérétiques de l'autre, n'est pas pour rien dans les souffrances des Pères. Elle s'est répercutée en miroir dans
leur psychisme sous forme de combat avec les
démons, et de dualité insurmontable entre le Bien
et le Mal.

Pour eux, cette situation était naturelle : « Des
Pères vinrent un jour à Alexandrie, appelés par
Théophile l'Archevêque, afin d'y prier et d'y
détruire les temples païens. »[32] Certes, ils réussirent
à éliminer les païens et les hérétiques, mais ils payè-
rent le prix de leur manichéisme mitigé dans leur
corps et dans leur esprit. Saint Paul lui-même,
dévoré par le zèle missionnaire, se plaint de toutes
les souffrances qu'il eut à endurer, de l'écharde
qu'on lui mit dans la chair et d'un ange de Satan
chargé de le souffleter (2 Cor 12, 7). Par opposition, saint Jean a passé une retraite paisible à l'île
de Patmos, et ne parle pas spécialement, dans ses

épîtres, de la souffrance à vivre pour le Christ. Il paraît plutôt être du côté des sages de l'Inde, qui ne partent pas en mission mais attendent que des chercheurs spirituels viennent les trouver ; selon la parole des Védas : « Quand la fleur de lotus est épanouie, les abeilles y viennent d'elles-mêmes. »

Ascèse et solitude

La vie solitaire favorise l'intensification des phénomènes mentaux ; elle est une « caisse de résonance », comme me disait le maître des novices de la Grande Chartreuse que j'avais été visiter. Au bout d'un certain temps, survient un véritable éveil de ce que les sages de la tradition hindoue appellent la « Kundalini ». L'esprit du moine, qui avait été relativement paisible jusque-là, peut alors être traversé par toutes sortes de désirs et de pulsions violentes. Dans un contexte dualiste, cet éveil est interprété comme une attaque des démons. En fait, il faut apprendre à canaliser ces énergies, ce que le yoga ou la méditation aide à faire.

La sécheresse de l'ascèse du désert est-elle un reflet de la sécheresse du climat lui-même ? Voilà qui est difficile à affirmer, mais la question peut se poser. Dans ce sens, on pourrait établir cette même relation de cause à effet pour la Russie qui, marquée elle aussi par un rude climat, a été l'un des importants théâtres des exploits ascétiques excessifs dans la chrétienté.

Une autre cause de l'épascèse du solitaire est tout simplement le vide de son emploi du temps : pour occuper son mental, le moine se crée des exercices ascétiques de plus en plus étranges qui consistent, entre autres, à se préoccuper de tout ce que les démons vont pouvoir inventer ou calculer contre lui… Chez ceux qui ont une tendance obsessionnelle, le temps libre intensifie les symptômes. L'ascèse devient alors un but en soi, qu'on appelle « obsession » dans le langage psychologique, ou « idole » dans le langage religieux. La lutte contre les démons procure de plus une excitation qui permet de contrer l'acédie (la dépression des moines) : quand on regarde des enfants seuls et désœuvrés, on les voit souvent jouer à se battre contre des ennemis imaginaires et ils semblent y trouver un grand plaisir. Je ne dis pas que ce rapprochement explique tout du phénomène des démons, mais elle permet de comprendre certaines choses.

Il est rare qu'un Père suggère que les conflits intérieurs soient d'origine psychologique ; ils semblent plutôt, dans l'ensemble, souscrire à l'interprétation démonologique. Ce « manichéisme mitigé » que nous avons déjà évoqué est loin de la pensée de l'Inde — le *soi* individuel et le Soi absolu est d'ailleurs rendu en sanscrit par un seul et même mot, « *atman* » —, qui ne voit dans les pensées que des tourbillons (*vriti-s*) dans cette eau qu'est l'Absolu : quand le tourbillon cesse, seul l'Absolu demeure.

L'angoisse et la grâce

Si l'on va à la racine des choses, la notion même de dualité entraîne l'angoisse. La Taittirya Upanishad dit (2-7) : « En vérité, cette essence cause le bonheur. Quand on s'établit sans peur dans ce qui est invisible, dépourvu de corps, non défini, sans base, alors on a réellement trouvé l'absence de peur. Mais si on y fait la moindre différence, on se met à avoir peur. » Dans la conception biblique, il n'y a pas seulement une « cavité » dans l'Un, mais une faille, un précipice entre substance humaine et substance divine ; il n'est franchi que par le pont-levis de la grâce, de temps en temps abaissé, de temps en temps relevé. Cette dualité représente une sorte de projection, de consécration métaphysique de la séparation due au péché originel.

La croyance en la substantialité du corps et de la personne humaine est peut-être ce qui rend l'ascèse chrétienne plus laborieuse que l'ascèse orientale. En effet, le pratiquant se trouve devant un message contradictoire, une sorte de double lien : au fond, on lui demande de croire en la substantialité d'un ego qu'il faut par ailleurs faire disparaître complètement pour laisser la place au Divin. La grâce d'un

Dieu entièrement bon peut aider dans ce travail, mais elle est accompagnée par son ombre — l'absence de grâce, dont les raisons nous échappent. En ce sens, on peut dire que l'ombre de la grâce, c'est l'absurde et l'angoisse.

La non-croyance en la réincarnation participe également de façon non négligeable à l'angoisse du chrétien. Il doit non seulement faire le pari qu'un au-delà existe à la manière de Pascal, mais il doit aussi faire un second pari, celui de croire que son au-delà individuel sera le paradis et non l'enfer. Si un malin s'amusait à faire le calcul des probabilités, il trouverait qu'il n'y a que 25 % de chances que ça marche... Un vieil évêque disait en riant à l'une de mes connaissances : « Je comprends mieux la réincarnation des Orientaux, maintenant : c'est vrai qu'une vie pour atteindre la perfection, c'est court... »

Les ermites taoïstes et bouddhistes tels que nous les décrit Michel Jourdan dans *La vie d'ermite*[33], semblaient avoir une ascèse plus intégrée à la nature. Ils recherchaient l'harmonie avec la loi naturelle et la conjonction des contraires, ce dernier point semblant manquer cruellement à l'ascèse du désert. J'ai lu une grande partie de la *Transmission de la lampe*, le texte de base du bouddhisme ch'an. On n'y parle pas de larmes ni de repentir. Les maîtres sont rudes, mais les histoires qui y pullulent semblent dépasser bien plus souvent qu'en Occident le niveau de la simple moralisation pour donner un enseignement essentiel de manière imagée.

Quant aux hindous, leur manque de dualisme culturel a posé un réel problème aux missionnaires chrétiens : ceux-ci ne savaient pas sur quelle corde jouer pour provoquer le « retour vers le vrai Dieu » : les hindous ne ressentaient pas qu'ils en étaient séparés.

La dureté de l'ascèse du désert était tempérée par un rapport profond et personnel avec un Ancien. Cependant, la vie cénobitique a fait perdre la priorité à cette relation. Les moines se sont mis à apprendre de l'un ou de l'autre, ce qui était un facteur de dispersion dans leur pratique. Le concept d'obéissance à un maître spirituel dépourvu d'ego fut remplacé par la notion de discipline sous la férule d'une administration d'autant plus lourde qu'elle estimait être de droit divin. Or, abandonner son ego entre les mains de quelqu'un qui n'en a pas a une profonde efficacité spirituelle ; mais l'abandonner à une institution qui, en tant que telle, a un fort ego, est non seulement moins efficace, mais peut être dangereux [34].

Un dernier facteur a pu contribuer à rendre laborieuse l'ascèse des moines du désert : l'enseignement chrétien qu'ils étaient censés suivre à la perfection était basé sur l'amour, mais ils étaient bien sûr loin des femmes, avec une vie de communauté très réduite s'ils suivaient l'hésychia, ou une relation plutôt diluée avec le maître spirituel s'ils habitaient dans une grande communauté ; de plus, le culte de la Mère de Dieu, qui tempérera l'austérité du monachisme postérieur, n'était pas encore développé à l'époque. En un mot, les ermites du désert auraient sans doute souffert de contradiction s'ils avaient fait évoluer leur dévotion vers la connaissance. C'est en quelque sorte ce qu'a réalisé Evagre le Pontique, mais il semble que la masse des moines n'ait pas saisi la nécessité de sa démarche.

En conclusion de cette partie, même si on ne voit pas clairement la transition entre amour et connaissance, j'espère qu'on aura saisi la nécessité du passage de la crainte — cause principale des excès ascétiques — à l'amour. Saint Jean n'a-t-il pas dit : « Il n'y a pas de crainte dans l'amour ; au contraire, le parfait amour bannit la crainte » (I Jn 4, 18) ?

8.

Une ascèse
pour aujourd'hui

Ce que nous cherchons n'est pas une religion, mais ouvrir un chemin au cœur de
la réalité qui transcende toutes les religions.

Kenneth White

Une ascèse pour aujourd'hui

« Le Bouddha disait : "Il y a une voie hors de la
souffrance." Il a été droit au fait : le but d'une discipline spirituelle n'est pas d'ajouter de la souffrance, mais de mener hors de la souffrance.
Chaque voie a sa spécificité : dans la dévotion, on
cherche à diminuer le plus possible son ego devant
le Divin, dans la voie de la Connaissance, on
s'identifie directement à lui. Le risque de la dévotion, c'est la dépendance et l'affaiblissement, celui
de la voie de la Connaissance, c'est l'orgueil. Dans
tous les cas, on devient ce qu'on médite : en ce

sens-là, la rumination indéfinie des péchés passés ne peut que faire redescendre. Il faut comprendre que la culpabilité est souvent entretenue par la jouissance venant du fait de repenser au bon temps qu'on a eu en fautant auparavant. Quant aux démons, il s'agit de formes subtiles qui n'ont ni plus ni moins de réalité que notre mental lui-même. Si on les appelle sous prétexte de les combattre, ils vont venir pour de bon. La méditation sur la souffrance en tant que souffrance n'a guère d'intérêt : même un jésuite comme le père Kadowaki qui a écrit sur le zen et la Bible le reconnaît. » [1]

Une question brûlante, et qui l'a toujours été, est la question du rapport entre la vie sexuelle et l'évolution spirituelle. En Inde, ceux qui ont un intérêt pour la vie spirituelle ont tendance à abandonner à partir d'un certain âge la vie sexuelle tout en continuant à vivre avec leur épouse (*vana-prastha*). Ils abandonnent aussi progressivement la charge de leurs affaires à leur fils aîné. Il semble que les grands rabbis du judaïsme aient fait de même. Les Occidentaux vivent souvent avec le rêve qu'il existe ailleurs des sociétés où la sexualité serait complètement libérée. Mais je ne pense pas que cela existe. J'ai vécu quelque temps avec un groupe soufi dans un pays musulman, où on ne reconnaît donc guère le célibat, et ce pour des raisons religieuses ; cependant, la vie religieuse quotidienne, avec ses nombreux rites de purification, est saturée avec l'idée de la nécessité du contrôle sexuel et la religion s'appuie lourdement sur cela. J'ai parlé avec un anthropologue qui vit une bonne partie de son temps dans les villages chinois : la sexualité y est aussi très contrôlée par la société, les enfants sont mariés par leurs parents, comme en Inde, et le reste tout à l'avenant.

En dehors de la nécessité sociale évidente d'une certaine discipline sexuelle, il y a, dans le lien entre religion et sexualité, la prise de conscience que les racines de cette dernière sont à la base du mental. Comprendre ces racines, c'est comprendre le mental. On peut dire schématiquement qu'une maîtrise consciente de la sexualité, par la méditation et non par le refoulement, est proportionnelle à la capacité d'intériorisation.

Évidemment, certains, comme Drewermann, disent en substance que la chasteté à long terme n'est plus possible en Occident actuellement[2]. Je pense qu'il a raison dans son analyse des multiples manières de récupération de la chasteté par le système ecclésiastique. J'estime aussi comme lui que les prêtres devraient avoir la possibilité d'être mariés, comme dans le protestantisme, l'orthodoxie et les autres religions. En revanche, je pense, à l'opposé de Drewermann, que certains êtres, en général des moines, peuvent réellement transmuter l'énergie sexuelle en énergie spirituelle, et réaliser l'union du masculin et du féminin en eux-mêmes. Si l'on parvient à connaître un bonheur intérieur dépourvu de toute connotation érotique, cela signifie qu'on est proche d'une joie complètement indépendante et donc parfaitement stable. Je ne dis pas que cette démarche est facile ; mais on peut l'apprendre auprès d'un maître spirituel qui a réussi dans cette voie, plutôt que par les livres. Les hindous attachent une grande importance à la chasteté pour obtenir une montée de la Kundalini stable (*ojhas*). Pour eux, il est évident que ce processus est lié au développement de la force intérieure (*Kundalinishakti*). Il est intéressant de noter que le nom que la tradition grecque donne à la continence sexuelle est « *enkratéia* », « la force au-dedans » — sens finalement très proche d'« énergie » ou d'« enthousiasme » (ce dernier mot signifiant « Dieu au-dedans »).

Je comprends l'attitude de thérapeute de Drewermann qui, voyant des patients coincés dans un célibat qui ne leur correspond plus, ou qui ne leur a jamais correspondu, leur dit : « Mariez-vous. » Mais, parfois, la fascination du changement représente aussi une fuite. Quand j'étais moi-même thérapeute, un grand nombre de mes patients étaient centrés sur leurs problèmes de couple ; il est vrai que ma première réaction intérieure était d'avoir envie de leur dire : « Laissez tomber cette relation et vivez seul : vous verrez qu'on n'en meurt pas... » Cependant, la meilleure solution est, dans la plupart des cas, d'essayer de faire vraiment face à son problème, là où on est et tel qu'on est.

Par ailleurs, Drewermann met au pinacle la méthode psychanalytique, et il est évident par cela qu'il n'a pas vécu, comme je l'ai fait, dans un milieu «psy» : les querelles d'Églises, de chapelles et de sous-chapelles n'ont certainement rien à envier au système du pouvoir ecclésiastique. Par ailleurs, bien qu'il paraisse ouvert à l'Orient, il ne parle guère des diverses techniques de méditation comme instrument pour explorer son mental. Il mentionne juste que le zen est pratiqué dans un certain nombre de monastères. Pourtant, il semble que pour des clercs qui ne sont pas trop perturbés, le recours à des techniques psycho-corporelles de méditation convienne mieux que la psychanalyse. Cette dernière repose sur des préjugés matérialistes — même Jung ne s'en dégage pas tant que cela —, alors que les méditations traditionnelles partagent des communautés de vue avec le christianisme sur de nombreux points essentiels. Drewermann, comme souvent les thérapeutes, voit les choses à travers les lunettes de sa clientèle, c'est-à-dire de prêtres et de religieuses qui ont des problèmes. Les moines qui réussissent dans leur vie de moine n'ont aucune raison de venir le consulter.

De la pollution mentale

Que dire de l'ascèse dans le monde d'aujourd'hui ? Je ne suis pas un enseignant spirituel, aussi je renvoie chacun à à la voie et à l'enseignant qu'il suit. La seule remarque que je voudrais faire ici, ayant parlé de la spiritualité du désert, est d'ordre psychologique. Avant de rêver de partir faire des expériences dans un vrai désert, il serait bon d'apprendre à filtrer le bruit qui nous vient de l'extérieur, en particulier par des informations à sensation véhiculées par les médias. Il y a là une pollution mentale considérable; j'espère que cette notion de pollution mentale émergera très prochainement dans le public, de même que sont ressorties les notions de pollution sonore ou de diminution de la couche d'ozone. Je ne pense pas qu'il y ait lieu de faire de notre « intérieur » un désert; en revanche, on peut en faire un parc naturel, où notre propre nature peut être protégée et se développer d'elle-même à l'abri de l'invasion désordonnée d'éléments extérieurs.

Il ne faut pas croire que la tentation de l'ascèse excessive soit du passé. Dès que les gens ont dépassé le stade de la « mystique hippie » — « Faites l'amour et pas la guerre » — et qu'ils ont compris qu'il fallait de l'intensité dans la voie spirituelle, ils peuvent être tentés : pour les uns, ce sera une répétition de jeûnes prolongés sous couvert de justifications diététiques; pour d'autres, ce sera une pratique du hatha-yoga à s'en rompre les articulations, sous-tendue par un désir inconscient de punir le corps d'être ce qu'il est. Quant aux moines orthodoxes, la tentation de l'« épascèse » reste toujours présente. J'ai pu relever dans un *paterikon* (recueil de pensées ou d'actions de Pères décédés) de 1985 au mont Athos des faits de ce genre : un moine a prié huit jours debout, sans dormir ni manger[3] un autre a été retrouvé à moitié mort après un jeûne de six semaines ; un troisième est loué hautement pour «avoir passé sa vie à se faire violence au-delà même des possibilités de la nature»[4]; et, enfin, on a pu dire d'un autre vieux moine, après sa mort, qu'il avait passé cinquante-six ans sans franchir l'enceinte de son monastère.

Les passions religieuses n'ont pas non plus épargné la sainte montagne de l'Athos dans l'histoire récente. Au début du siècle, certains moines eurent l'intuition mystique que Jésus et son Nom ne faisaient qu'un. C'est là une idée courante en Inde : *nam* (le Nom) et *nami* (Celui qui est nommé, Dieu) ne font qu'un. La doctrine de ces moines, qu'on a appelés «onomatodoxes», déplut aux autorités centrales de l'Église orthodoxe ; elles en rendèrent compte au tsar qui envoya la marine de guerre pour chasser les nouveaux mystiques de l'Athos[5]. On pourrait appeler cela la querelle des onomatodoxes et des «intégrodoxes», et méditer profondément sur l'emploi de l'artillerie de marine en théologie mystique…

Le principal travers de l'ascèse excessive, c'est qu'elle peut dégoûter les gens de la vie spirituelle tout court. Récemment, je me suis rendu à Saint-Pétersbourg, où j'ai pu assister à un office dans le plus grand monastère de femmes de la ville. En un sens, c'était beau de voir une vie religieuse renaître après soixante-dix ans de persécutions. Cependant, on peut se demander si l'ascétisme sévère qui se dégageait de ces moniales, aggravé sans doute par le souvenir des martyrs récents, fait beaucoup pour réintéresser les masses russes à la vie spirituelle — surtout celles qui sont portées à la consommation.

A propos de la manière dont les excès d'ascétisme peuvent disqualifier la vie monastique, on peut faire un saut en arrière et revenir au début du VIᵉ siècle au monastère Sainte-Catherine du Sinaï, Ce monastère a pu subsister en milieu musulman grâce à une lettre du prophète Mohamad remerciant les moines de l'avoir hébergé pendant qu'il était lui-même persécuté. Si cette lettre n'est pas un faux, on peut imaginer la rencontre du futur fondateur de l'islam avec son hôte, qui pouvait tout à fait être Jean Climaque, ou son maître Martyrius. Ayant vu l'austérité de leur enseignement, on peut se demander si une sévérité de vie si grande n'a pas influencé Mohamad pour interdire la vie monastique à ses disciples et, par suite, à tout l'islam.

Le but de la pratique spirituelle est la joie ; celle-ci doit aussi être son moteur. Les Pères évoquent une alchimie des émotions analogues à celle pratiquée chez les Tibétains quand ils disent qu'on doit tenter de « transformer la colère en charité, et le plaisir en joie ». Isaac le Syrien affirmait : « L'humilité peut provenir de la peur de Dieu, de son amour ou de la joie. »[6] Cette joie était sans doute ce qui a valu à saint Séraphim de Sarov la dévotion du peuple russe, et celui-ci ne s'est pas trompé dans son choix. Il saluait les gens en les appelant « ma joie » ; parfois, il montrait une icône du Christ en disant : « Voilà ma joie », puis sortait une icône de la Vierge en ajoutant « et voilà la joie de ma joie ». Il affirmait que celui qui avait atteint la paix pouvait convertir mille personnes, mais que celui qui avait atteint la joie pouvait en convertir dix mille. Le seul problème des expériences de joie, c'est qu'elles ne durent pas ; mais elles sont toujours un bon signe sur le chemin. Les Pères disent : « Quand tu ressens la joie au-dessus de toute joie, sache que tu es dans la vraie prière. »

Hésychasme et yoga

Il y a eu dans l'histoire de grands conflits autour de l'hésychasme et de l'utilisation du corps dans la prière. Ces conflits ont culminé dans la dispute entre Grégoire Palamas et Barlaam au XIVe siècle. Le Palamite était en faveur de l'utilisation du corps et de la respiration pendant la prière de Jésus, et voyait en cela non pas un obstacle mais une aide au but final de l'intériorisation, à savoir un état stable d'union à Dieu au-delà des vicissitudes et des variations constantes de l'état corporel. Nous avons déjà vu, dans la partie intitulée «Respect et désidentification du corps», que la descente dans le corps et la libération de l'esprit, étant deux phases successives d'un même processus, n'ont pas à être opposées.

«Hésychia» signifie «repos», et l'hésychaste, d'après Jean Climaque, est celui qui dit : «Je dors, mais mon cœur veille» (Cant 5, 2). Dans la tradition hindoue du saktisme (centrée sur le culte de la Mère divine), c'est le repos yoguique (*yoga-nîdrâ*) qui est l'état suprême, la première manifestation du pouvoir de la Déesse. Le Srîmad Dévî Bhâgavatam[7] explique que c'est seulement quand il fut capable de sortir de son *yoga-nîdrâ* — de son sommeil — que Vishnou a pu créer le monde. Donc, cet état est supérieur à la fonction de création, de préservation et de destruction de l'univers.

La concentration sur le cœur conseillée dans l'hésychasme est pratiquée aussi dans le yoga (le chakra du cœur a pour nom «*anahata*»). La rétention du souffle et l'inclinaison forcée de la tête vers l'avant conseillée par Grégoire le Sinace[8] rappellent les pratiques du *pranayama* et du *jalandhara mudra*. Pour Patanjali, «la concentration sur le cœur fait voir le mental (*citta*)» (Yoga-sutra 3, 35), pratique qui nous fait accéder à une connaissance complète de soi-même.

Il existe une pratique hindoue très ancienne[9] qui n'a pas encore été développée dans l'hésychasme, mais qui le sera peut-être un jour, car elle est puissante : il s'agit, en récitant le mantra, non plus d'être centré simplement sur le cœur, mais de déplacer son attention dans tout le corps partie par partie pour y « installer » son Dieu. La prière du cœur devient ainsi prière du corps, et permet peut-être plus facilement la transparence de tout être. Du point de vue psychologique, l'association d'une parole ou d'une image à chaque partie du corps facilite son intégration à la mémoire profonde. Du point de vue spirituel, si l'on choisit un point de concentration unique à long terme, il est préférable de choisir le cœur ou l'un des chakras supérieurs ; en revanche, pour une personne plus expérimentée, n'importe quel point du corps peut être le point de départ d'une méditation — qui se situe de toute façon au-delà du corps.

L'une des formules courantes de l'enseignement des Pères est : « Pense à Dieu plus souvent que tu ne respires. » Et Jean Climaque, lui, nous dit : « Que le nom de Jésus soit uni avec ton souffle : tu comprendras alors la valeur de la solitude. » [10] Cette dernière pratique est très répandue en Inde : observation du souffle associée à la récitation du mantra. L'observation du souffle correspond à l'*anapa-nasatti* des bouddhistes, technique qui à elle seule, disent-ils, peut mener au *nirvana*.

Venons-en maintenant aux évocations indirectes d'un éveil de la Kundalini dans le témoignage des Pères. La Kundalini représente l'énergie intérieure et fondamentale, la déesse au-dedans. En hébreu,

le *ruah* (esprit) est en fait féminin, et la pratique
des Pères vise à éveiller l'esprit au-dedans. Jean
Climaque sentait, malgré son austérité, que son
énergie spirituelle était basée sur son énergie physique : « Si je lui porte un coup décisif [au corps],
je n'ai plus la force nécessaire pour obtenir les vertus. »[11] Il décrit assez bien la montée de « quelque
chose » sous la pression d'une volonté ferme d'intériorisation : « Comme l'eau sous pression se pré-
cipite vers le haut, ainsi l'âme pressée par le danger s'élève souvent vers Dieu par la pénitence et y
trouve son salut. »[12] Nous avons déjà mentionné
qu'il faisait l'éloge du silence en le décrivant
comme une « ascension secrète » ; le titre même de
son livre, *L'échelle sainte*, qui lui a valu le nom de
« Climaque », pourrait évoquer, avec ses trente
degrés, les trente-deux vertèbres de la colonne vertébrale — ceci dit en passant pour ceux qui s'inté-
ressent au symbolisme du corps humain. La
colonne est associée à l'arbre : l'abbé Jean Colobos
dit en substance : « Quand je suis assailli par les serpents et les fauves des pensées, je me protège en
grimpant à l'arbre de Dieu. »[13] Cette idée de montée, on la retrouve également chez Macaire, qui
devait être renforcée par la posture de prière
ancienne où l'on se trouvait debout avec les bras
ouverts vers le haut : « Si une pensée étrangère
monte en toi, ne regarde jamais vers le bas, mais
vers le haut et aussitôt le Seigneur te viendra en
aide. »[14] Cette notion de montée ressentie jusque

dans le corps paraît tellement fondamentale à Jean
Climaque qu'il la place au début de l'exhortation
finale de *L'échelle sainte* : « Montez, montez, frères,
disposez avec ardeur des ascensions dans vos cœurs
(Ps 83, 6). [...] Prêtez l'oreille à celui qui vous dit :
"Venez, allons à la montagne du Seigneur, à la maison de notre Dieu (Is 2, 3), [...] qui rend nos pieds
comme ceux des biches et nous tient debout sur les
hauteurs" (Ps 17, 34) [...] afin qu'avec son can-
tique nous ayons la victoire (Hab 3, 19). » [15]

Le retour à l'action après l'ascèse et le silence

Je ne pense pas que ce travail de comparaison
entre hésychasme et Védanta soit utile pour ceux
qui sont déjà avancés sur le chemin. Comme dit
un proverbe japonais : « Si tu sais et que je sais,
nous n'avons plus besoin de parler. » Par contre,
pour ceux qui cherchent à comprendre les similari-
tés et les différences entre les diverses voies spirituelles, ou qui ont peur d'accepter que ces dernières
mènent au même but, ce travail pourra être utile.

Il y a différentes manières d'envisager le retour à
l'action de celui qui s'est retiré du monde pour faire
l'expérience du grand silence. La forme « pure », si
je puis dire, c'est la conception selon laquelle le
pratiquant arrive au sommet, qu'on l'appelle le
« *sahaja-samadhi* » dans le Védanta ou l'« union
du *samsara* ou du *nirvana* » dans le bouddhisme

mahayana. A ce moment-là, l'action du sage est spontanée, et motivée uniquement par la compassion. Cependant, un maître spirituel comme le Bouddha envoyait ses disciples deux par deux pour annoncer aux gens «qu'il y a une voie hors de la souffrance». On peut certainement affirmer que chacun de ces moines avait atteint l'état suprême. Vivekananda avait été fortement influencé par le Bouddha et visait l'idéal de l'union complète de l'action et de la méditation : «L'homme idéal est celui qui trouve, au milieu du silence ou de la solitude la plus complète, l'activité la plus intense, et qui, au milieu de l'activité, trouve le silence et la solitude du désert. Il a appris le secret de la maîtrise de soi, il s'est contrôlé.» [16]

Le travail fondamental du moine est de suivre le conseil de l'ange à Antoine à la première page des *Apophtegmes* : «Antoine, sois attentif à toi-même.» [17] Pourtant, Ammonas, un disciple direct d'Antoine, envisageait le retour au monde, ou plutôt au service du monde, comme une évolution naturelle : «[Après une longue purification dans la solitude], l'hésychaste, guéri de toutes ses maladies, est envoyé par Dieu auprès des hommes.» [18]

Dans la tradition indienne, il est clair que le renonçant (*sannyasi*), abandonne l'action rituelle ; sa méditation sur l'Un est au-delà de tout rite. Il est intéressant de voir qu'on retrouve cette notion dans la liberté des débuts du monachisme du désert. Cassien nous dit que les solitaires d'Égypte ne pratiquaient pas l'office car ils priaient continûment (*Institutions cénobitiques* 3, 2). Ils avaient aussi souvent abandonné une participation régulière aux sacrements[19]. Cette notion de dépassement du rituel s'est affaiblie par la suite ; le monachisme devint plus scolaire, il fallut discipliner les nombreux novices, aligner les coutumes des uns sur celles des autres. En Occident, la règle de saint Benoît s'est imposée et a par là même limité les possibilités d'un monachisme non ritualiste et celles de la prière pure directement et simplement orientée vers l'hésychia. En Orient, le mont Athos a accueilli au Moyen Âge jusqu'à quarante mille moines (actuellement, ils sont environ mille trois cent). La pratique de la messe est devenue quotidienne, les messes basses se sont ajoutées aux grandes messes, et l'office de la Vierge parfois à l'office régulier. On comprend qu'un certain nombre de moines actuels regardent avec envie vers la liberté des débuts, quand les ascètes mûrs pouvaient se consacrer à plein temps à la pratique de l'hésychia.

Peut-être l'apparition des moines non chrétiens en France (tibétains, zen) favorisera-t-elle une sorte de réflexion en miroir chez les chrétiens et un retour à l'essentiel. Un maître zen interrogeait un jour un de ses disciples. Ce dernier, très certainement bon élève et peut-être même spécialiste de certains textes sacrés ou de leurs commentaires, s'embarqua dans une grande explication. Le maître l'interrompit et lui dit : « Il y a trop de bouddhisme dans ce que tu me racontes !… »

Puissent s'élever parmi les moines ou les laïcs des hommes ou des femmes de l'essentiel capables d'offrir du « dedans » sans trop de « ismes »… Ils rendront service.

Notes

Une relation avec la nature

1. Ed. du Seuil, coll. Points-Sagesses.

2. Environ 75 km.

3. A. Sophrony, *Starets Silouane, moine du mont Athos*, éd. Présence.

4. Saint Jean Climaque, *L'échelle sainte*, éd. Abbaye de Bellefontaine, coll. Spiritualité orientale, 1987.

5. J.-C. Barreau, *La prière et la drogue*, éd. Stock.

6. Mircea Eliade, *Le chamanisme*, éd. Payot.

7. Jacques Pimpaneau, *Le courant chamanistique* dans la poésie chinoise, in *Chaman* n° 9.

8. Y. Bonnefoy, *Rimbaud par lui-même*, éd. du Seuil.

9. *Les derniers adorateurs du peyotl*, éd. Gallimard.

10. *Le Monde*, 20 octobre 1979.

11. M. Chappaz, *La haute route du Jura*, éd. 24 heures.

12. *Ibidem*.

13. *Hermès* n° 1, 1963.

14. *Ibidem*.

15. *In* M. Chappaz, *op. cit.*

16. *Milarepa*, éd. Fayard.

17. C. Dreyfus *in* « Le troisième souffle » (*Le Nouvel Observateur*, 22 novembre 1976). Par ailleurs, Marc de

Smedt dans *Éloge du silence* (éd. Albin Michel, 1986) précise dans le même sens : « Diverses études américaines prouvent que ceux qui font du jogging, arrivés au-delà du douzième souffle, parviennent à des états intérieurs semblables à ceux de la méditation. »

18. Selon R. Dajoz (in *Précis d'écologie*, éd. Gauthier-Villars), en forêt la teneur de l'air en gaz carbonique est toujours légèrement plus élevée qu'en plein champ, la lumière est riche en rayons rouges et infrarouges et pauvre en rayons jaune-vert

19. Henri Maspéro, *Le taoïsme et les religions chinoises*, éd. Gallimard.

20. In *Aspects de la marginalité au Moyen Âge*, éd. L'Aurore, Québec (« Les mendiants au XIVᵉ siècle en Angleterre »).

21. Maurice Chappaz, *Le Lötschental secret*, éd. 24 heures.

22. Jacques Meunier, « Marche : au coin du feu, l'aventure », *Le Monde,* 9 décembre 1979.

La marche en tant que technique de survie écologique

1. *Nomades et vagabonds*, éd Gallimard, coll. 10-18.

2. R. Dubos, *Le Dieu de l'écologie*, éd. Fayard.

3. Phrase d'Armel Guerne, *Œuvres complètes* de Novalis tome I, p. 8, éd. Gallimard.

4. Alain Hervé, *L'homme sauvage*, éd. Stock.

5. *Hermès* n° 6, « Le vide ».

6. « Un été lent », *Le Sauvage*, juillet 1978.

7. *Good Work*, éd. du Seuil.

8. *Les Temps modernes*, janvier 1970.

9. *Énergie et équité*, éd. du Seuil.

10. *Le Sauvage*, mars 1980.

11. *Vivre sans pétrole*, éd. Flammarion.

12. Roland Barthes dans ses *Mythologies* éd du Seuil.

13. *Samsara* : cycle des naissances et des morts.
14. J.-C Barreau, *La prière et la drogue*, éd. Stock.
15. E. Fromm, *Avoir ou être*, éd. R. Laffont.
16. P. d'Iribane, *Le gaspillage et le désir*, éd. Fayard.
17. E.T. Hall, *La dimension cachée*, éd. du Seuil.
18. Alain Hervé, *op. cit.*

Le regard neuf de la marche

le chemin des nuages blancs

1. Aux éd. Albin Michel.   - GOUINDA -
2. A. Migot, *Au Tibet sur la trace du Bouddha*, éd. Le Rocher.
3. M. Pallis, *Cimes et lamas*, éd. Albin Michel.
4. In *Argile l*, hiver 1973.
5. Shi Tao (1641-ap. 1710, Ming). *In* François Cheng, *Souffle-Esprit*, p. 30, éd. du Seuil.
6. Wang Wei (699-759, Tang). *In* F. Cheng, *op. cit.* Le *Shan-shui lun* (« Montagne et eau) est un texte fondamental qui lui est attribué.
7. J. Masui, *Cheminements*, éd. Fayard.
8. L. Durrell, *L'esprit des lieux*, éd. Gallimard.
9. L. Binyon, *Introduction à la peinture de la Chine et du Japon*, éd. Flammarion.
10. Bibliographie :
— Tchouang-tseu, *Œuvres complètes*, éd. Albin Michel.
— Lie-tseu, *Le vrai classique du vide parfait*, éd. Gallimard.
— Lao-tseu, le *Tao-Tê-King*, éd. Albin Michel.
— K. Schipper, *Le corps taoïste*, éd. Fayard.
— John Blofeld, *Le taoïsme vivant*, éd. Albin Michel.
— I. Robinet, *Méditation taoïste*, éd. Albin Michel
11. Bibliographie :
— *Hermès* n° 7, « Tch'an », 1970.

— *Discours et Sermon de Houei-Neng*, éd. Albin Michel.
— Lin-tsi, *Entretiens*, éd. Fayard.

L'attention ou la marche contemplative

1. *In* J.-P. Attal, *L'image métaphysique*, éd. Gallimard.
— Bashô, *journal de voyage*, éd. POF.
— D. T. Suzuki, *Essais sur le bouddhisme zen*, éd. Albin Michel.
2. M. Zimmes, *Les philosophies de l'Inde*, éd. Payot.
3. Henri le Saux, *Introduction à la spiritualité des Upanishad*, éd. Présence.
4. M. Chappaz, *Pages choisies*, éd. A. Eibel.
5. Toukârâm, *Psaumes du pèlerin*, éd. Gallimard.
6. J. Biès, *Mont Athos*, éd. Dervy Livres, 1980.
7. V. Ségalen, *Équipées*, éd. Plon.
8. R. L. Stevenson, *Voyages avec un âne dans les Cévennes*, éd. Gallimard.
9. *Le Sauvage*, août 1979. Extr. de *Walking* de H. D. Thoreau, et : «Thoreau et la marche», *Chaman* n° 9.

Petite anthologie de la marche

1. Jean-Jacques Rousseau, extrait de *Les rêveries du promeneur solitaire*.
2. Gustave Flaubert, «Par les champs et par les grèves».
3. Jean-Loup Trassard, extrait de *L'ancolie*, éd. Gallimard.
4. Büchner, extrait de *Lenz*, La Pléiade, éd. Gallimard.
5. Hermann Hesse, extrait de *Siddharta*, éd. Grasset.
6. Satprem, *Sept jours en Inde avec Satprem*, éd. Robert Laffont.

7. H. D. Thoreau, *Désobéir*, éd. F. Rieder et Cie.

8. Carlos Castaneda, *Voir*, éd. Gallimard.

9. R. L. Stevenson, *Voyages avec un âne dans les Cévennes*, *op. cit.*

10. Victor Ségalen, *Stèles, Peintures, Équipée*, éd. Plon.

11. Gustave Roud, *Petit traité de la marche en plaine*, éd. Bibliothèque des Arts. Cité par J. Meunier dans *Le Monde* du 9 décembre 1979.

12. Luther Standing Bear, *Pieds nus sur la Terre sacrée*, éd. Denoël.

13. Bashô, *Journaux de voyage*, éd. POF.

14. Extrait de *Le cœur de la méditation bouddhiste*, Satipatthana, éd. Maisonneuve.

15. Alan Watts, extrait de *L'esprit du zen*, éd. Dangles.

16. Taisen Deshimaru, extrait de *La pratique du zen*, éd. Albin Michel.

17. Extrait de Alan Watts, *op. cit.*

18. Rob Schultheis, *Extase et sports de l'extrême*, éd. Albin Michel.

19. Jacques Lacarrière, *Chemin faisant*, éd. Payot Voyageurs, 1992.

20. Henri Bosco, *Un rameau de nuit*, éd. Gallimard.

De l'arrêt du mental

1. *Récits d'un pèlerin russe*, éd. du Seuil, coll. Points-Sagesses, ainsi que *Trois récits inédits*, même collection.

2. Swami Ramdas, *Les carnets de pèlerinage*, éd. Albin Michel, coll. Spiritualité vivantes.

3. Jacques Vigne, *La répétition*, thèse de médecine, Saint-Antoine, Paris, 1983.

4. Jules Monchanin, *Mystique de l'Inde, mystère chrétien*,

éd. Fayard, 1974. Voir en particulier le chapitre « Hésy-chasme et yoga ».

5. Pantanjali, *Yoga Sutras*, traduits et présentés par Françoise Mazet, éd. Albin Michel, coll. Spiritualités vivantes.

6. Marc de Smedt, *Éloge du silence*, éd. Albin Michel, coll. Espaces libres.

7. Henri Le Saux, « Sannyasa, le monachisme hindou », *Initiation à la spiritualité des Upanishads*, p. 196, éd. Présence, 1979 (04200 Sisteron).

8. Citation du poète Thayumanavar in *Talks with Ramana Maharshi*, Ramanashram, p. 457, Tiruvanamalai, 1984.

9. Shri Ma Anandamayee, *Words*, p. 60, Sri Anan-damayee Charitable Society, Calcutta, 1982.

10. Shri Nisargadatta, *I am That*, p. 261, Chetanya, Bombay, 1973-1987. Publié en français sous le titre de *Je suis Cela*, éd. Les Deux Océans, Paris.

11. *Tripura Rahasya, the Mystery Beyond Trinity*, Rama-nashram, Tiruvanamalai, pp. 67-68, 1989.

12. *Sermons sur le zen*, traduits par M. et M. Shibata, p. 49, éd. Albin Michel, coll. Spiritualités vivantes, 1993.

13. *Ibidem*, p. 134.

14. Staal, *Advaita and Neoplatonism*, p. 169, Madras.

15. Vladimir Lossky, *Essai sur la théologie mystique de l'Église d'Orient*, p. 205, éd. Le Cerf, coll. Foi vivante, 1990.

16. Placide Deseille, *L'Évangile au désert*, p. 294, éd. YMCA-Press/O.E.I.L., Paris, 1985.

17. Saint Jean Climaque, *L'échelle sainte, op. cit.*, p. 142.

18. E. Kadloubovsky et G.E.H. Palmer (traducteurs), *Early Fathers from the Philokalia*, p. 188, Faber and Faber, Londres, 1954, 1981.

19. Taisen Deshimaru, *La pratique du zen*, éd. Albin Michel, coll. Spiritualités vivantes.

20. Irénée Hausherr, S.J., *Hésychasme et prière*, p. 11,

Orientalia Christiana Analecta, n° 176, Rome, Pont. Institutum Orientalium Studiorum, 1966.

21. Jean-Claude Guy, *Paroles des anciens — Apophtegmes des Pères du désert*, p. 45, éd. du Seuil, coll. Points-Sagesses, 1976.

22. *Ibidem*, p. 45.

23. *Ibidem*, p. 120.

24. Placide Deseille, *op. cit.*, p. 322.

25. E. Kadloubovsky, *op. cit.*, p. 204.

26. Jean-Yves Leloup, *Paroles du mont Athos*, p. 34, éd. Albin Michel, coll. Spiritualités vivantes.

27. E. Kadloubovsky, citant Marc l'Ascète, *op. cit.*, p. 84.

28. J.-C. Guy, *op. cit.*, p. 64.

29. J.-Y. Leloup, *op. cit.*, p. 82.

Psychologie de l'ascèse

1. Jean-Claude Guy, *op. cit.*, p. 60.

2. Aimé Michel, *Métanoïa, phénomènes physiques et mysticisme*, p. 78, éd. Albin Michel, coll. Spiritualités vivantes, 1973, 1986.

3. J.-C. Guy, *op. cit.*, p. 57.

4. *In* Jacques Lacarrière, *Les hommes ivres de Dieu*, éd. du Seuil, coll. Points-Sagesses.

5. J.-C. Guy, *op. cit.*, p. 77.

6. *Ibidem*, p. 30.

7. E. Kadloubovsky et G.E.H. Palmer (traducteurs), *Early Fathers from the Philokalia*, *op. cit.*, p. 219.

8. Saint Jean Climaque, *L'échelle sainte*, *op. cit.*, p. 142.

9. *Ibidem*, p. 299.

10. *Ibidem*, p. 115.

11. J.-C. Guy, *op. cit.*, p. 169.

12. E. Kadloubovsky, *op. cit.*, p. 213.

13. Placide Deseille, *L'Évangile au désert, op. cit.*, p. 180.

14. *Ibidem*, p. 170.

15. Jean-Yves Leloup, *Paroles du mont Athos, op. cit.*, p. 33.

16. E. Kadloubovsky, *op. cit.*, p. 220.

17. Eugraph Kovalevsky, *La quête de l'esprit*, p. 194, Albin Michel, coll. Spiritualités vivantes.

18. Vladimir Lossky, *Essai sur la théologie mystique de l'Église d'Orient, op. cit.*, p. 203.

19. Irénée Hausherr, S.J., *La philautie*, p. 44, Orientalia Christiana Analecta Pont. Institutum Orientalium Studiorum, 1952, 1972.

20. *Ibidem*, p. 45.

21. *Ibidem*, p. 54.

22. Nisargadatta Maharaj, *Prior to Consciousness*, p. 67, The Acorn Press USA, 1985.

23. Vivekananda cité par Svahananda, *Meditation and its Methods*, Advaita Ashram, 1976, 1992.

24. E. Kadloubovsky, *op. cit.*, p. 78.

25. Expérience de Seligman *in* D Winn, *The Manipulated Mind*, p. 70, Octagon Press Londres, 1983.

26. Jacques Vigne, « Endorphines et extase », *Nouvelles Clés*, automne 1993. Voir aussi André Orsetti, *Sport et endorphines*, éd. Chiron, 1991.

27. Saint Athanase, *Saint Antoine, Père des moines*, p. 66, éd. Le Cerf, coll. Foi vivante, 1989.

28. Eugen Drewermann, *Fonctionnaires de Dieu*, p. 241-251, éd. Albin Michel, 1993.

29. I. Hausherr, *op. cit.*, p. 128.

30. Saint Athanase, *op. cit.*, p. 82.

31. *Ibidem*, p. 105.

32. J.-C. Guy, *op. cit.*, p. 68.

33. Michel Jourdan, *La vie d'ermite*, éd. Albin Michel, coll. Spiritualités vivantes.

34. Sur la question de l'obéissance et du martyr, cf.

Jacques Vigne, *Éléments de psychologie spirituelle*, pp. 166 et 173, éd. Albin Michel, coll. Spiritualités vivantes, 1992.

Une ascèse pour aujourd'hui

1. J.K. Kadowaki, *Le zen et la Bible*, p. 229, éd. Albin Michel, coll. Espaces libres, 1983, 1992.

2. Drewermann, *Fonctionnaires de Dieu, op. cit.*, pp. 418-529 et 604-631.

3. *Le Messager orthodoxe*, numéro spécial sur le mont Athos aujourd'hui, n°95, p. 56, 1985.

4. *Ibidem*, p. 42.

5. Olivier Clément, *Berdiaev*, p. 229, éd. Desclée de Brouwer, 1991.

6. E. Kadloubovsky et G.E.H. Palmer (traducteurs), *op. cit.*, p. 275.

7. *Srimad Devi Bhagavatam*, p. 26, Munshiram Manoharlal, New Delhi, 1991.

8. Antony Bloom, *Technique et Contemplation*, p. 59, textes réunis par le père Bruno de Sainte-Marie, éd. Desclée de Brouwer, 1949.

9. Jacques Vigne, *Le maître et le thérapeute*, p. 62, éd. Albin Michel, coll. Spiritualités vivantes, et *Srimad Devi Bhagavatam, op. cit.*, p. 719.

10. Cité *in* Meyendorf John, *St Gregory Palamas and Orthodox Spirituality*, p. 96, St Vladimir Seminary Press, USA, 1974.

11. Saint Jean Climaque, *op. cit.*, p. 176.

12. *Ibidem*, p. 268.

13. J.-C. Guy, « Paroles des Anciens », *op. cit.*, p. 71.

14. *Ibidem*, p. 96.

15. Saint Jean Climaque, *L'échelle sainte, op. cit.*, p. 310.

16. Swami Vivekananda, *Meditation and its Method*, p. 130, Advaita Ashram, Calcutta, 1992.

17. J.-C. Guy, *op. cit.*, p. 15.

18. I. Hausherr, *La philautie, op. cit.*, p. 190.

19. Meyendorf, *op. cit.*, p. 21.

Table

HAïkaï

« *Espaces libres* »
au format de poche

DERNIERS TITRES PARUS

sauntering → Souterreux

« Le pèlerinage est une technique de libération qui commence par une sorte d'éblouissement et ta peur de l'esprit pour se terminer par une paix qui dépasse la raison.

« C'est seulement lorsque l'esprit sort de la confusion, l'œil est neutralisé presque qu'en sommeil prête au fond ou il au rythme de l'entour ou il peut atteindre et cette béatitude que cherche le vrai marcheur »

(BASHÔ)

Composition et impression Bussière, juin 2008
Editions Albin Michel
22, rue Huyghens, 75014 Paris
www.albin michel.fr
ISBN 978-2-226-07684-7
ISSN 1147-3762
N° d'édition : 25816. – N° d'impression : 082024/1.
Dépôt légal : mars 2001.
Imprimé en France.